Mentales Training für Reiter

Petra und Wolfgang Hölzel

Mentales Training für Reiter

Der neue Weg
zum erfolgreichen Reiten

Franckh-Kosmos

Einleitung

Liebe Leserinnen und Leser,

vielleicht denkt manch einer jetzt: »Schon wieder eine neue Reitlehre! Davon gibt's doch genug!«

Diese Reitlehre jedoch ist wirklich neu, indem sie eine moderne Methode, nämlich die des mentalen Trainings, die in vielen anderen Sportarten längst erfolgreich angewandt wird, auf den Reitsport überträgt. Wohlgemerkt: Die Inhalte der klassischen Reitlehre bleiben dabei unangetastet. _Neu dagegen ist die Methode des Lehrens und Lernens_, die hier zum ersten Mal detailliert und konkret auf die einzelnen Lernschritte beim Reiten übertragen wird.

Wir wenden uns hier an den Anfänger – vom ersten Kennenlernen des Pferdes bis hin zu Dressur- und Springprüfungen der Klasse E. Wir wenden uns zugleich an den Lehrer, der diesen Anfänger unterrichtet. Um den Anfängerunterricht geht es deshalb, weil zu beweisen war, daß mentales Training keineswegs nur eine Methode für Leistungs- und Hochleistungssportler ist, die nach außergewöhnlichen Erfolgen streben. Nein, mentales Training kann jedem Normalverbraucher nützen und ist von jedem erlernbar. Gerade auch dem Anfänger verhilft es rascher, müheloser, also auch effektiver zu Fortschritten, die seine Freude am Reiten und am Reitenlernen bedingen.

Erfolgreiche Leistungssportler haben diese Methode, bewußt oder rein instinktiv, seit jeher angewandt. Neu ist die Erkenntnis, daß jeder sie lernen, einüben und anwenden kann. Auch du kannst also mit der mentalen Methode lernen und sie systematisch trainieren. Sie ermöglicht dir anstelle von Zufallsergebnissen gesicherte Lernerfolge, die abrufbar und wiederholbar sind. Nicht zuletzt deshalb halten wir mentales Training für eine Fertigkeit, die gerade und vor allem dem Anfänger vermittelt werden sollte. Denn sie legt den Grundstein für alle weiteren Lernschritte und -erfolge. Wer auf diese Weise reiten gelernt hat, wird später auch schwierigere und schwere Übungen viel müheloser bewältigen, als dies mit der herkömmlichen Methode der Fall war.

Daß dieses Buch vorwiegend an die Adresse des Anfängers gerichtet ist, heißt jedoch keinesfalls, daß nur der Anfänger gemeint ist. Im Gegenteil! Der interessierte Leser wird rasch merken, daß die beschriebenen Übungen exemplarischen Charakter haben, sich also leicht auf alle Ebenen der Reiterei bis hin zu den schwersten Klassen übertragen und darüber hinaus auf Lebensbereiche außerhalb des Sports anwenden lassen.

Wir haben selbst nach der »herkömmlichen Methode« gelernt und später unterrichtet, hatten unsere Einwände, Fragen und Zweifel, fanden aber jahrzehntelang keine befriedigende Lösung – bis wir auf die faszinierende Methode des mentalen Trainings stießen. Wie es dazu kam, wollen wir hier kurz berichten.

Schon relativ früh weckte vor allem das laute, autoritäre Kommandieren und das Fehlen von befriedigenden Antworten auf Fragen nach den Ursachen für Erfolg oder Mißerfolg unser Unbehagen.

Noch heute prangt in einigen Reithallen das Schild »Reiten lernt man nur durch Reiten!« Da wirst du aufgefordert, etwas zu tun, was du lernen möchtest, also noch nicht kannst, _um_ es zu lernen. Eine Hilfe dafür, _wie_ du es lernst, ist das bestimmt nicht.

Die eigentliche Lern- und Übungsmethode bestand oft aus »Üben, üben, üben« – bis zum sprichwörtlichen »Geht nicht mehr«. Häufig wurde das, was nach dem Prinzip der »Kommißbrotmethode« geübt wurde, aus Gründen der Überforderung immer schlechter und endete mit Mißerfolgen für Reiter und Pferd.

Die Geschichte von der »Kommißbrotmethode« erzählte uns ein früherer Kavallerist, der die Militärmethoden mit großem Geschick auf den zivilen Bereich übertragen hatte: In einer Kaserne waren neue Rekruten angekommen, darunter ein Mann, groß und breit wie ein Schrank, der die Fähigkeit besitzen sollte, ein ganzes Kommißbrot auf einmal wegzuputzen. Der Wachtmeister erzählte dies seinem Vorgesetzten, der es nicht glauben wollte und eine Wette einging. Am nächsten Morgen erwartete er beide mit einem Kommißbrot. Der Rekrut kam jedoch nicht über das Hinunterwürgen von zwei Bissen hinaus. Der Wachtmeister war fassungslos: »Ich kann's nicht glauben. Gerade eben haben wir es dreimal geübt, und da klappte es noch.«

Das Suchen nach einer effektiveren Methode des Lernens und Lehrens hat jahrzehntelang gedauert. Versuche, Erkenntnisse der Pädagogik, Psychologie und Sportwissenschaft auf die Unterrichtserteilung an der Deutschen Reitschule zu übertragen, brachten zwar Fortschritte, waren aber nicht befriedigend genug. Korrekturen wurden häufig gar nicht oder nur kurzfristig umgesetzt. Auch individuelle Besprechungen der Dressuraufgabe mit Videoaufnahmen führten nicht zum gewünschten Erfolg. Vor allem aber: In den Prüfungen waren die während der Vorbereitung mit großem Aufwand erzielten Erfolge meist wie weggeblasen. Alte Bewegungsmuster und damit alte Fehler traten unverändert wieder auf.

Bei Folgekursen (Vorbereitungslehrgängen für die Berufsreitlehrerprüfung, Fortbildungskursen für Profis und Amateure) traten die Teilnehmer oft nicht verbessert, sondern eher verschlechtert an: Der Langzeiteffekt des vorangegangenen Unterrichts war also fraglich. Vor allem war in den meisten Fällen eine deutliche Leistungsminderung durch die Prüfungssituation unverkennbar.

Auch beim Training von Privatschülern im Ausland (Australien, Kanada) traten dieselben Schwierigkeiten auf: Die Langzeitwirkung des Unterrichts war nicht gewährleistet. Nach längerer Unterbrechung (ein halbes Jahr und mehr) war vom Erlernten nichts oder kaum etwas geblieben – ein kontinuierlicher Fortschritt erschien nicht realisierbar.

In Prüfungssituationen schien der Schüler – auch bei viel geringeren Unterrichtspausen – alles, einschließlich der Abreitetechnik, vergessen zu haben, was über lange Zeit erklärt und geübt worden war.

Die folgenden Fragen blieben nach wie vor unbeantwortet:
• Wie bilde ich mit dem kleinsten Aufwand neue Bewegungsmuster, die auch unter Streß (Prüfungen und Wettbewerben) zuverlässig stabil bleiben?
• Wie kann ich wirkungsvoll falsche Bewegungsmuster zu richtigen umformen – also korrigieren?
• Wie kann ich Bewegungsfolgen wie das Reiten einer Dressuraufgabe, eines Parcours oder einer Geländestrecke, die im Training in Ordnung sind, so weit stabilisieren, daß sie auch bei höchstem Streß (bis hin zu Weltmeisterschaften oder Olympischen Spielen!) zuverlässig abgerufen werden können?
• Wie kann der Schüler in der Beurteilung seiner Leistung immer selbständiger gemacht werden?
• Wodurch kann er bei selbständiger Weiterarbeit über die Selbstkontrolle einen kontinuierlichen Fortschritt erreichen?
• Wie sind die oben genannten Verbesserungen mit einer vertretbaren Anzahl von Übungen, also ohne Überforderung, vor allem auch des Pferdes, zu erreichen?

Wenn man lange genug Fragen stellt, wird einem irgendwann auch die Antwort zuteil. In unserem Fall resultierte sie aus einem Zufall, der sofort auf fruchtbaren Boden fiel: Wir sahen im Jahr 1987 ein Fernsehinterview mit dem Skiläufer Frank Wörndl, der gerade überraschend Weltmeister im Abfahrtslauf geworden und uns im übrigen völlig unbekannt war. Er erzählte, daß er diesen Erfolg vor allem einem Professor der Sportpsychologie, einem Herrn

Eberspächer aus Heidelberg, und seiner Methode des mentalen Trainings verdanke. Dieser habe es ihm erst ermöglicht, sich innerlich optimal zu steuern und seine sportlichen Möglichkeiten voll ein- und umzusetzen. Ein Psychologieprofessor, kein Sportprofi oder Skitrainer! Allein das erschien uns so ungewöhnlich und aufregend, machte uns so neugierig, ja »heiß«, daß wir uns sofort die Telefonnummer besorgten, in Heidelberg anriefen, im vertrauten Schwäbisch Antwort und tatsächlich auch für wenige Tage später einen Gesprächstermin mitsamt Übernachtungsangebot im Sportinstitut erhielten.

Dann saßen wir also Herrn Eberspächer gegenüber, in einem durchaus lockeren und äußerst interessanten Gespräch über neue Möglichkeiten, sportliches Training und sportliche Leistungen über bewußt gemachte psychische Vorgänge in den Griff zu bekommen und zu optimalen Erfolgen zu führen. Er hatte mit der Methode des mentalen Trainings Sportler aus fast allen Disziplinen (neben Skiläufern Boxer, Rad- und Motorradrennfahrer, Bogenschützen, Schwimmer) erfolgreich trainiert und auch die betreffenden Bundestrainer überzeugt. Dies schien genau die Lern- und Lehrmethode zu sein, nach der wir so lange gesucht hatten! Das Gespräch war auch die Geburtsstunde für dieses Buch.

Wir waren fasziniert und begeistert und beschlossen, diese Methode so genau wie möglich kennenzulernen und vor allem im Reitsport auszuprobieren. Inzwischen haben wir zahlreiche englische und amerikanische Autoren gelesen, die mit dieser Methode beträchtliche Erfolge in anderen Sportarten erzielten. Unser Ziel war, ihre Erkenntnisse – erstmals – auf den Reitsport zu übertragen. Das geschah in Seminaren mit Reitlehrern, im gegenseitigen Austausch von Erfahrungen und vor allem durch das Erproben im eigenen Unterrichten von Leistungssportlern und »Normalverbrauchern«, von Jugendlichen und Erwachsenen, im Einzel- und im Gruppenunterricht. Die Erfolge waren verblüffend und vor allem: abrufbar, wiederholbar und auch in Prüfungssituationen stabil.

Wir hoffen, daß auch du von unseren Erfahrungen profitierst und dich ebenfalls von einer Methode faszinieren läßt, die das Lernen zu einem Erlebnis macht, das auch auf andere Lebensbereiche übertragbar ist. Vor allem aber wird sie dir in deiner Sportart mit dem Partner Pferd beständigere Erfolgserlebnisse und damit mehr Erfüllung und Freude bringen.

1. Mentales

Training

1.1. Was ist mentales Training?

Mentales Training ist eine Lern- und Lehrmethode, durch die wir körperliche Leistungen über mentale (geistig-seelische) Vorgänge, also über Kopf und Gefühl, maßgeblich steuern und verbessern können. In anderen Sportarten sind mit Hilfe dieser Methode während der letzten Jahre verblüffende Erfolge erzielt worden.

Manch ein Sportreporter kommt ohne das Modewort »mental« schon gar nicht mehr aus! Da hören wir, daß ein Tennisspieler heute »mental nicht gut drauf« sei, daß ein Sprinter einen »mentalen Durchhänger« hatte oder ein Skiläufer vor allem mental an sich arbeiten müsse. Mental wird hier in dem Sinne verwandt, daß nicht allein die Kondition, sondern innere Einstellung, Konzentration, Selbstbewußtsein und Siegeswillen, also seelisch-geistige Fähigkeiten, den letzten Ausschlag über Sieg oder Niederlage geben.

Erfolgreiche Sportler haben sich die Methode des mentalen Trainings schon immer zumindest instinktiv zunutze gemacht. Der Tennisspieler, der mit geballter Faust einen gelungenen Ball quittiert, stachelt sich selber an, so weiterzumachen. Wenn er nach einem mißlungenen Schlag diesen ohne Ball wiederholt und dabei korrigiert, wendet er – bewußt oder unbewußt – die Methode des mentalen Trainings an.

Die angestrengte Konzentration von Sprintern, Skiläufern, Weit- oder Hochspringern, Schwimmern und Eiskunstläufern vor dem Start ist deutlich auf ihre Gesichter geschrieben: Das ist nicht erst der Fall, seit es den Begriff des mentalen Trainings gibt. Auch ein sehr erfolgreicher Boxer, der sich als den »Größten« bezeichnete und damit nicht nur seine Gegner einschüchtern wollte, sondern sich selbst zu Höchstleistungen anstachelte, tat das wohl eher instinktiv als methodisch überlegt.

Auf Reitturnieren konnte man seit Jahrzehnten beobachten, wie gera-

Angestrengte Konzentration vor dem Start (Markus Wasmeier vor einem Sieg im Abfahrtslauf)

Golf ist ein Spiel, das hauptsächlich im »Kopf« gewonnen wird (Weltklassespieler Bernhard Langer vor einem kniffligen Schlag).

Bewußt oder unbewußt – mentales Training spielt auch im Tennis eine große Rolle (Stefan Edberg beim Aufschlag).

Auch wer etwa von einem späteren Westernritt in Arizona träumt, kommt mit der Methode des mentalen Trainings besser zum Ziel.

de erfolgreiche Reiter vor dem Springen in absoluter Konzentration den Parcours noch einmal durchgingen, der eine mit dem Finger auf die einzelnen Sprünge zeigend, der andere mit geschlossenen Augen das Einreiten zum Start abwartend. Mit geschlossenen Augen, sekundenlang verharrend, sah man auch manchen großen Dressurreiter vor dem Einreiten ins Viereck; der andere zog sich vor dem Abreiten in einen stillen Winkel, sein Auto oder den Hänger, zurück und war für niemanden ansprechbar.

Mentales Training ist also an sich nichts grundlegend Neues. Es wurde von den Erfolgreichen schon immer instinktsicher angewandt. Neu ist die Entdeckung, daß es systematisch erlernbar und dadurch für jeden zugänglich ist, der bereit ist, sich diesem Lernprozeß zu unterziehen. Für jeden: das heißt, eben auch für den Amateur, den Hobby- und Freizeitreiter, dem es nicht in erster Linie um Erfolge geht. Oder sagen wir besser: nicht um äußerlich meßbare Erfolge. Denn Erfolge bei der besseren und leichteren Verständigung mit dem Pferd bedeuten auch mehr Freude am Reitsport. Mentales Training ist zweifellos ein Schlüssel zum Erfolg für den Leistungssportler. Es ist aber nicht zuletzt ein Gewinn für jeden Reiter.

Mentales Training ist ein Schlüssel zum Erfolg und auch für den Amateur- und Freizeitreiter systematisch erlernbar!

Durch die Schulung deines *Körpergefühls* beispielsweise empfindest du die Bewegung des Pferdes bewußter und intensiver. Du lernst, in dich und dein Pferd »hineinzuhorchen«, dich einzufühlen und deine Hilfen immer feiner abzustimmen. Weil du gelernt hast, dein Gefühl und deine Einwirkungen über den Kopf zu steuern, wirst du Fortschritte erzielen, die dir Freude machen und gar nicht unbedingt durch Turniererfolge bestätigt werden müssen.

Mentales Training wird – wie jedes andere Training auch – nur dann effektiv sein, wenn du es langfristig und intensiv ausprobierst und einübst. Wenn du erst kurz vor einer Prüfung oder einem Wettbewerb damit beginnst, kannst du kaum eine

Wichtig

Diese Dressurreiterin stellt sich mit geschlossenen Augen die einzelnen Punkte der bevorstehenden Aufgabe mental vor.

Du läßt über den »inneren Film« Bewegungen ablaufen, so oft und wann immer du es willst.

durchschlagende Wirkung erwarten.

Langfristig angesetzt, verschafft es dir große Vorteile beim Lernen, Einüben und bei der Teilnahme an Wettbewerben: Die Schulung der *Bewegungsvorstellung* ermöglicht es dir, über den »inneren Film« Bewegungen ablaufen zu lassen, so oft und wann immer du es willst. Du bist nicht darauf angewiesen, alles immer und immer wieder auf dem Pferd auszuprobieren und zu üben. Dein Pferd steht dabei friedlich im Stall und wird weder physisch noch psychisch unnötig strapaziert!

Ich kann immer, überall und so oft ich es will, üben, ohne mein Pferd zu überanstrengen! *Vorteil*

Durch gezieltes Training deiner *Konzentrationsfähigkeit* gelingt es dir, dich vor störenden Einflüssen abzuschotten und deine Energie und dein Können während der Aufgabe optimal einzusetzen.

Die *positive Einstellung* hilft dir dabei, Patzer wegzustecken und Nervosität zu vermeiden. Denn du bist dir ja im klaren darüber, daß du bestimmte Dinge kannst und auch unter anderen Bedingungen (auf allen Plätzen der Welt!) schaffen wirst. Du weißt, daß du dir – ganz realistisch – etwas zutrauen kannst. Du mußt nicht gewinnen, aber du wirst aus dir und deinem Pferd das Beste herausholen.

Dabei brauchst du nicht auf andere zu schielen, nicht ängstlich zuzugukken, wie sie reiten. Du reitest nach deiner eigenen Strategie (die mit deinem Lehrer abgesprochen ist) und mißt dich an dem Maßstab, den du dir durch mentales Training erworben hast. Du wirst sehen, daß es sich lohnt, sich davon nicht abbringen zu lassen. Laß dich nicht beirren, laß dir von Fremden oder gar Neidern nicht hineinreden.

Wenn du davon überzeugt bist, daß dein Weg der richtige ist, wird sich auch der äußere Erfolg einstellen, der den inneren bestätigt. Durch mentales Training kannst du deine Leistungen verbessern, du kannst darüber hinaus neue Bewegungsvorgänge leichter und effektiver erlernen als mit herkömmlichen Methoden. Du wirst bestimmt dadurch mehr Freude an deinem Sport haben.

Auch für den Lehrer bieten sich Möglichkeiten, Fehler leichter abzustellen sowie Neues wirkungsvoller und erfolgreicher zu vermitteln als bisher. Er erhält praktische Tips und Anregungen, die ihm die Alltagsroutine erleichtern, weil sie das Unterrichten interessanter und effektiver machen.

Nicht zuletzt wird den Pferden viel Stumpfsinn und unnötige Quälerei erspart, die durch fehlenden, mangelhaften oder einfach schlechten Unterricht und durch unzufriedene, frustrierte Reiter verursacht werden.

In diesem Buch wird erstmalig die mentale Methode konkret und anhand von anschaulichen Beispielen auf den Reitsport übertragen. Sie läßt die klassischen Inhalte der Reitlehre unangetastet, zeigt aber neue, bessere Wege des Lehrens und Lernens auf.

1.2. Die sechs wichtigsten Fertigkeiten für mentale Steuerung

1. Entspannung und Anspannung

• Du kannst den – physischen und psychischen – Erregungsgrad selbst verändern. Stell dir eine Erregungsskala von Null (totale Passivität wie im traumlosen Tiefschlaf) bis zum höchsten Erregungsniveau (wie im Zustand der Panik) vor.

• Du kannst lernen, deine Erregung so zu steuern, daß sie genau zu dem paßt, was du vorhast. Du mußt das für dich richtige Verhältnis zwischen »Gasgeben«, also der Anspannung (Mobilisation), und »Bremsen«, der Entspannung (Relaxion), herausfinden, das für deine individuelle Leistung optimal ist.

• Wenn du z. B. dazu neigst, dich vor und bei einem Wettbewerb so sehr aufzuregen, daß deine Leistungsfähigkeit blockiert ist, lernst du, dich mit den entsprechenden Übungen zu entspannen. Du bist dann bestimmt nicht der Typ, der in Passivität verfällt!

• Wenn du eher zu »Wurschtigkeit« neigst, mußt du dich aufputschen, deinen Kampfgeist aktivieren. Das kann auch dann von Nutzen sein, wenn du dich etwa nach einer schlaf-

Um dich zu entspannen, suchst du eine ruhige, reizarme Umgebung auf.

losen Nacht müde und abgeschlagen fühlst oder wenn deine Spannkraft verloren geht, weil du unerwartet lange auf einen Start warten mußt. Zuviel Entspannung dagegen kann den Leistungswillen beeinträchtigen. Vor dem Wettbewerb ist ein gewisser innerer »Kick« notwendig.

• Wieviel Anspannung, bzw. Entspannung du brauchst, mußt du selbst erkennen. Natürlich wird dir dein Trainer, mit dem du intensiv darüber sprechen solltest, dabei helfen, das richtige Maß herauszufinden.

Es gibt neben einigen Übungen, die unten beschrieben werden, wirksame Hilfsmittel, um den Spannungsgrad zu regulieren:

a) dein *eigenes Handeln*:
Um dich zu entspannen, bewegst du dich sehr langsam oder gar nicht. Du atmest tief und ruhig aus (s. u.).
Um dich in Spannung zu versetzen, bewegst du dich schnell und schwungvoll, spannst deine Muskeln kräftig und konzentriert an, atmest bewußt ein.

b) deine *Umgebung*:
Um dich zu entspannen, suchst du eine ruhige, reizarme Umgebung auf, hörst ruhige, harmonische Musik (evtl. über Walkman oder im Autoradio).
Um dich in Spannung zu versetzen, wählst du eine betriebsame, reizreiche, laute, anregende Umwelt und laute, aufputschende Musik.

c) deine *Wahrnehmungen*:
Um dich zu entspannen, stellst du dich auf Ruhe ein, auf ein angenehmes, wohliges Empfinden (»Ich fühl' mich richtig gut«).
Um dich in Spannung zu versetzen, stellst du dich auf eine Herausforderung ein, setzt dich unter Druck, redest dir »Power« ein (»Ich zeig's denen, ich will's heute wissen!«).

Entspannung ist notwendige Voraussetzung für das Funktionieren deiner körperlichen und geistigen Fähigkeiten. Sie ist Grundlage dafür, aber nicht Selbstzweck.

• Die Fähigkeit, dich zu entspannen, kann dir in schwierigen oder ungewohnten Situationen, bei Streß und im Wettkampf zugute kommen. Entspannung kann Leistung verbessern, aber niemals zu Höchstleistungen motivieren. Um diese zu erbringen, mußt du die letzten Reserven aus dir herausholen, dich 100%ig anspannen und aktivieren. Dies zur Wettkampfsituation.

• Im Alltag eines Reiters aber geht es nicht um Höchstleistungen, es darf schon aus Rücksicht auf die Pferde nicht darum gehen. Du mußt selbst einschätzen (und das kannst du lernen!), wieviel »Bremsen« und »Gasgeben« für dich persönlich, deine Erwartungen, die Voraussetzungen und die gesamte individuelle Situation richtig sind.

Kernpunkt **Ich kann den Grad der Entspannung und Anspannung selber regulieren!**

2. Körpergefühl

Da du dich über deinen Körper, durch deine Hilfen, mit dem Pferd verständigst, sind ein *präzises Gefühl für den eigenen Körper* und dessen bewußte Beherrschung gerade im Reitsport so wichtig.

• Du lernst systematisch, jeden einzelnen Teil deines Körpers bewußt zu empfinden und beim Reiten bewußt und kontrolliert einzusetzen. Du wirst dabei auch die Bewegungen und Reaktionen deines Pferdes viel sensibler wahrnehmen und steuern können.

• Du schulst dein Körpergefühl und zugleich dein Gefühl für die Bewegungsvorgänge, die sich gemeinsam mit dem Pferd abspielen. Daß das bewußte Empfinden des eigenen Körpers gar nicht so selbstverständlich ist, wie es auf den ersten Blick erscheinen mag, wirst du rasch feststellen, wenn du einige der unten aufgeführten Übungen durchführst.

• Du wirst die Schwierigkeiten dabei leichter überwinden, wenn du dir klar machst: Mein Körpergefühl ist die Grundlage meiner Körperbeherrschung, und diese ist das wichtigste Instrument in meinem Sport.

Über die Schulung des Körpergefühls meiner Schüler kann ich leichter und effektiver Erfolge erzielen. *Als Lehrer*

3. Bewegungsvorstellung

Du erlernst die Fähigkeit, dir Bewegungsabläufe genau so vorzustellen, wie sie in Wirklichkeit ablaufen. Dabei reagieren Nerven, Muskeln, Bänder und Sehnen in feinerer Form auf dieselbe Art und Weise wie beim wirklichen Bewegungsvorgang. Das Verblüffende daran ist, daß du später – im Ernstfall – genauso reagierst, wie du es dir mental vorgestellt hast!

• Du reitest also innerlich (mental) in allen Einzelheiten z.B. eine Lektion wie Schenkelweichen, eine Dressuraufgabe oder einen Parcours und drückst, was du dabei tust, in Worten (verbal) aus. Das ermöglicht dir selbst ein Höchstmaß an Eigenkontrolle und dem Lehrer eine optimale Kontrolle deines Verhaltens.

• Du lernst, gelungene Übungen mit geschlossenen oder offenen Augen (du allein kannst feststellen, was besser klappt) nachzuempfinden und danach in ebenso gelungener Form zu wiederholen.

• Eine verkürzte Formel für den richtigen Bewegungsablauf hilft dir während des Reitens, die Übung genau so wieder auszuführen. Die sprachliche Verkürzung ist deshalb hilfreich, weil ausgeführte Sätze und Beschreibungen des Bewegungsvorgangs immer länger sind als dieser selbst. Du verknappst also durch Kurzformeln den Vorgang auf die tatsächliche Dauer seines Ablaufs. Der Text darf nicht länger sein als der Film, der innerlich abläuft!

• Die Fähigkeit, diesen inneren Film in allen spezifischen Einzelheiten zu sehen und nachzuempfinden, muß trainiert werden. Sie gibt dir die Möglichkeit, alles, was du in der Praxis tust, im voraus und im nachhinein so durchzuspielen, als ob du wirklich

Du reitest innerlich (mental) eine Lektion in allen Einzelheiten nach.

reitest. Du kannst dir dabei überdies Konzentrationspunkte einbauen, die du für notwendig hältst.

Kurzform **So, wie ich mir Bewegungsabläufe vorstelle, laufen sie in Wirklichkeit ab!**

4. Konzentration

Du lernst, dich in jeder beliebigen Situation absolut zu konzentrieren und dich von keinerlei Störfaktoren ablenken zu lassen. Auch diese Fertigkeit mußt du trainieren. Du versuchst, zuerst über eine kürzere Zeitspanne, etwa eine einzelne Übung, alle Umwelteinflüsse, jeden persönlichen wie beruflichen Ärger auszublenden.

• Du ziehst all deine Aufmerksamkeit, all deine Energie auf diesen einzelnen Punkt zusammen und läßt dich durch nichts davon ablenken. Bei einiger Übung wird dir das schließlich über längere Zeit, über mehrere Lektionen und zuletzt wäh-

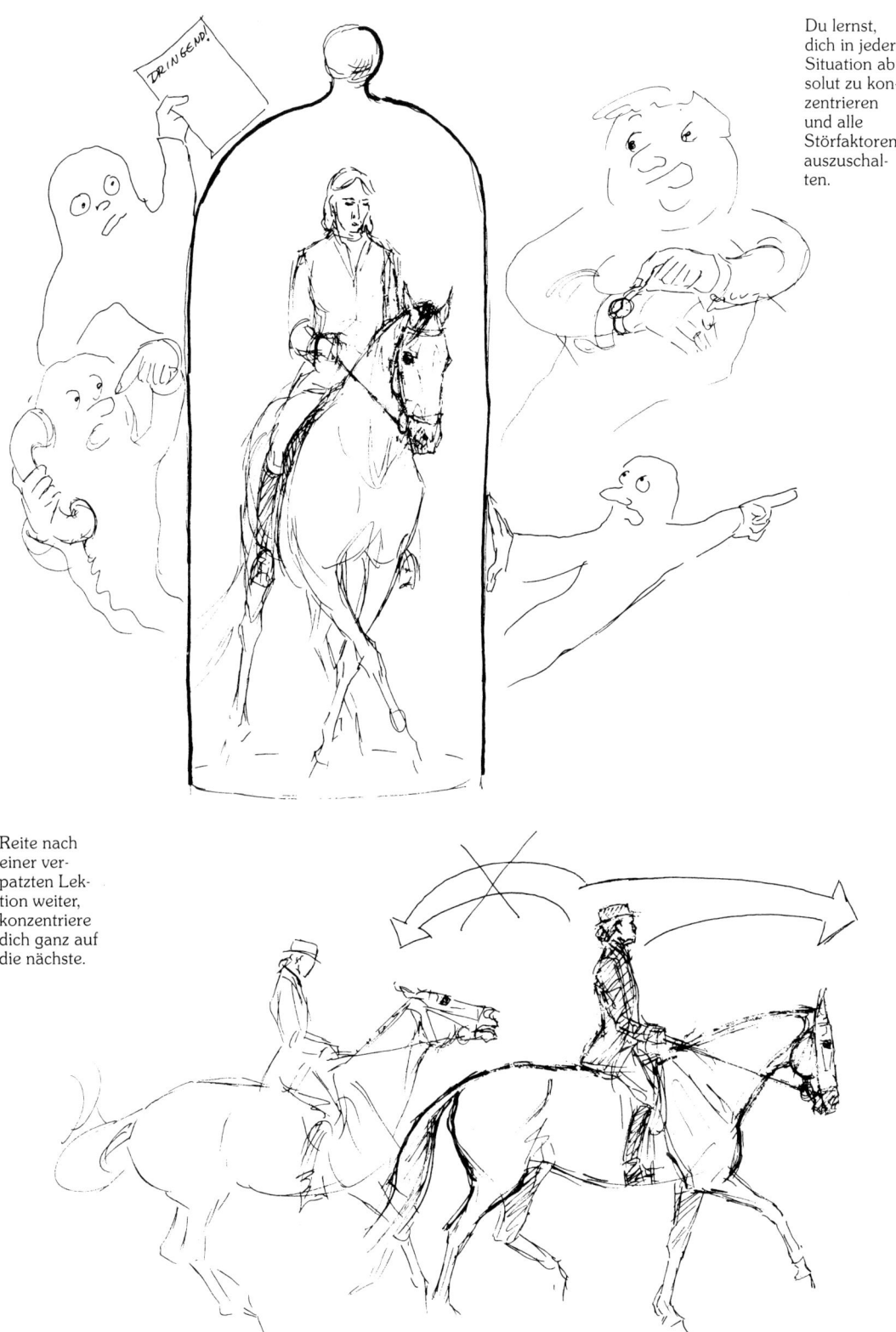

Du lernst, dich in jeder Situation absolut zu konzentrieren und alle Störfaktoren auszuschalten.

Reite nach einer verpatzten Lektion weiter, konzentriere dich ganz auf die nächste.

rend einer ganzen Dressuraufgabe oder eines Parcours immer besser gelingen. Übe dabei auch das »Wegstecken« von Fehlern. Reite nach einer verpatzten Lektion weiter, vergiß sie, und konzentriere dich mit ganzer

Denke auch nicht an ein Hindernis weiter hinten im Parcours, beschäftige dich erst damit, wenn du es anreitest.

Kraft nur auf die nächste, vor dir liegende Lektion.
• Laß aber auch den Gedanken nicht zu an die über- oder überübernächste Lektion oder an irgendein Hindernis weiter hinten im Parcours, das dir vielleicht Kopfzerbrechen macht. Du darfst dich erst dann damit beschäftigen, wenn du es anreitest.

Wichtig **Indem ich das Vorher und Nachher ausklammere, lerne ich, all meine Fähigkeiten auf den Punkt zu konzentrieren, auf den es ankommt, auf das Hier und Jetzt.**

5. Positive Einstellung (Selbstbewußtsein)

• Du lernst, positiv zu denken und ein gesundes Selbstbewußtsein zu entwickeln. Mach dir klar, was du kannst – und sei ruhig stolz darauf. So wirst du dir die Dinge, die du (noch) nicht kannst, eher zutrauen. Allerdings müssen die Ziele, die du dir setzt, in einem vernünftigen, realistischen Verhältnis zu deinen Möglichkeiten stehen, also erreichbar sein.

- Formuliere auch das, was du erreichen willst, positiv. Sag dir also nie, was du nicht tun darfst, sondern was du tun mußt, nicht, was falsch, sondern, wie es richtig ist.
- Für viele ist es gar nicht einfach, Selbstbewußtsein positiv zu empfinden. Du bist vielleicht so erzogen worden, daß Bescheidenheit eine Tugend sei, daß man sich vor allem nicht selbst lobt (»Eigenlob stinkt«) usw. Du mußt das ja auch nicht unbedingt laut tun. Aber wenn du etwas erreichen willst, mußt du dir innerlich klarmachen, daß das ohne Selbstbewußtsein nicht möglich ist.
- Du findest immer Anlaß, dich zu kritisieren und dir deine Schwächen vorzuhalten, denn du kennst dich ja auch selbst am besten. Du mußt all das einmal von der anderen Seite sehen, dich vielleicht dazu zwingen!

Sag dir einfach öfter, was du kannst, worin du gut bist.

Sag dir, was du schon erreicht hast (auch kleine Dinge zählen!), und du wirst sehen, daß es dadurch leichter wird, noch etwas mehr zu erreichen.
- Wenn du dir immer nur sagst, was du nicht kannst, gibst du dir keinerlei Chance, es besser zu machen. Du denkst ja nur an das vermeintliche Versagen und blockierst dadurch jeden Gedanken an das, was besser oder gut wäre. Du verbaust dir die Möglichkeit dazu, weil du das Positive als Möglichkeit nicht zuläßt, es nicht vorausdenkst.

Merksatz **Ich sage mir, was ich kann und was ich lernen will! Ich sage mir nicht, was ich nicht kann!**

- Selbstbewußtsein hat nichts mit Selbstüberschätzung zu tun. Wenn du nicht zu den Leuten gehörst, die sich alles zutrauen, obwohl sie keinerlei Veranlassung dafür haben, bist du ohnehin nicht in Gefahr, dich zu überschätzen. Du bist vielmehr in Gefahr, nicht aus dir herauszuholen,

Sag dir, was du kannst, was du gut gemacht hast.

was in dir steckt. Zu den Angebern und Großtuern gehörst du nicht. Aber du würdest gern etwas erreichen, etwas leisten, auf etwas stolz sein. Die richtige Einstellung dafür kannst du lernen und einüben.

6. Selbstgespräch

- Fertigkeiten, die du sprachlich nicht darstellen kannst, können auch nicht verändert, bzw. gefestigt und verbessert werden. Erst durch sprachlichen Ausdruck wird dir dein Tun in allen Einzelheiten bewußt und faßbar. Wenn du also im Reitsport etwas lernen, festigen oder verändern willst, mußt du in der Lage sein, dies sprachlich darzustellen.

Durch das Selbstgespräch kannst du dein Handeln stabilisieren oder ändern, allerdings auch stören.

- Im positiven Selbstgespräch sagst du dir:
Ich kann das!
- Du vermagst, den eigenen Zustand zu regulieren:
Ganz ruhig!
- Oder du regulierst den Prozeß deines Handelns, sagst dir vor, was du tun mußt:
Ich fühle jetzt das Pferdemaul mit beiden Händen gleichmäßig und stetig.
- Zerstörend wirkt sich das Selbstgespräch aus, wenn du dir sagst:
Ich schaff' das nie!
- Du kannst das Selbstgespräch während des Handelns führen, aber auch davor und danach. Wenn du dein Handeln stabilisieren willst, führst du immer das gleiche Selbstgespräch.
- Dein Lehrer hat die Möglichkeit, in dein Selbstgespräch einzugreifen, es – je nach Notwendigkeit – positiv oder negativ zu verändern. Er kann dadurch dein Handeln sehr effektiv beeinflussen.

Sag dir im Selbstgespräch: »Ich fühle jetzt mit beiden Händen das Pferdemaul gleichmäßig und stetig.«

- Im Selbstgespräch ermunterst du dich, sprichst dir Mut zu, verstärkst so das Selbstbewußtsein:
Komm, du bist gut genug, du schaffst das!
- Durch das Selbstgespräch kannst du dich beruhigen:
Bleib ganz ruhig, es ist gar nichts los, du kannst das doch.
- Du kannst dich zur Entspannung aufrufen, indem du kurz die Augen schließt und zu dir sagst:
Jetzt tief und gleichmäßig ausatmen!
- Du kannst dich aufputschen, zur Höchstleistung auffordern:
Jetzt gilt's, zeig's ihnen!
- Du kannst im Selbstgespräch Erinnerungen hervorrufen und verstärken:
Fühl dich wieder so wie damals, als du gewonnen hast!
oder
Fühl den Übergang vom Trab zum Halten genauso wie gestern, als er so gut geklappt hat.
- Du kannst dir Kurzformeln vorsagen und dadurch deine Konzentration steigern, etwa beim Ausreiten der Ecke:
Stellen, biegen, leichter, gerade.
- Im Selbstgespräch kannst du dich auffordern, störende Gedanken beiseite zu schieben:
Jetzt ist dafür keine Zeit, jetzt nicht, nachher, nach dem Ritt!
- Das Selbstgespräch schottet dich ab gegenüber störenden Umwelteinflüssen, du sprichst nur mit dir und schaltest die anderen und deine Umgebung aus. Sprechen ist präziser, bewußter und nachdrücklicher als unartikulierte Gedanken oder Gefühle. Es zwingt dich zur Konzentration auf wenige Kernpunkte.
- Mit der Technik des Selbstgesprächs verfügst du über ein hervorragendes Mittel, alle Bereiche des mentalen Trainings effektiver anzuwenden, also Entspannung, Körpergefühl, Bewegungsvorstellung, Konzentration und Selbstbewußtsein zu verstärken.

Kernpunkt **Das Selbstgespräch erleichtert mir die effektive Umsetzung meiner mentalen Fertigkeiten.**

- Zum Einüben ist es wichtig, daß du das Selbstgespräch laut führst. Das sollte selbstverständlich sein, wenn dein Lehrer dir Unterricht gibt. Habe ruhig den Mut, ihn darum zu bitten, laut aussprechen zu dürfen, was du tun willst, gerade tust oder soeben getan hast. Auch wenn du allein reitest, solltest du zuerst laut »denken«, um die Fertigkeit des Selbstgesprächs zu erlernen und zu festigen.

Als Lehrer **Ich ergreife von mir aus die Initiative und nutze das wertvolle Mittel des Selbstgesprächs in meinem Unterricht.**

- Wenn du nicht allein bist, wirst du normalerweise das Gespräch in der Stille deiner Gedanken belassen. Das gilt natürlich auch für Prüfungen und Wettkämpfe! Du wirst ohnehin feststellen, daß du nach einem entsprechenden Training immer mehr in der Lage bist, das Selbstgespräch in Gedanken und damit in jeder Situation anzuwenden.

Sag dir: »Jetzt will ich mein Bestes geben!«

1.3. Übungen, die auch ohne Pferd möglich sind

Allgemeines
Alle sechs Fertigkeiten in den einzelnen Bereichen kannst du auch ohne Pferd üben und verbessern: zum Beispiel zu Hause, beim Warten auf Bahn oder Bus, beim Schlangestehen im Supermarkt, im Wartezimmer des Arztes.
- Beginne mit relativ leichten Übungen, die dir ohne Mühe gelingen. Steigere dann den Schwierigkeits-

Schau beim mentalen Durchgehen der Dressuraufgabe auf die Uhr!

führst. Sag in Kurzform alles, was du tun willst. Dies hilft dir auch dabei, dich über die gesamte Zeitdauer der Aufgabe zu konzentrieren.

• Schau dabei auf die Uhr! Die Zeit, die du für das mentale Durchgehen brauchst, soll zuletzt der Zeit entsprechen, die dir im Ernstfall zur Verfügung steht. Wenn also für eine Dressuraufgabe 6 Minuten vorgesehen sind, versuchst du, auch beim mentalen Training 6 Minuten einzuhalten.

• Vor allem beim Üben vor einem Wettkampf sollte sich dein Trainer oder Lehrer dieses Selbstgespräch anhören und Unrichtiges korrigieren. Dies erleichtert auch das Erlernen neuer Übungen oder das Abstellen von Fehlern.

Vorsatz **Ich werde meinen Lehrer darum bitten, mit mir mein spezielles Selbstgespräch zu formulieren!**

• Am besten gelingen diese Übungen, wenn du dir klar machst, daß sie dir helfen und Freude machen.

Die mentalen Fertigkeiten lassen sich auch auf andere Lebensbereiche anwenden.

Zieh beide Schultern ganz nach oben, atme dabei tief ein, halte sechs bis sieben Sekunden lang Atem und Schultern an...

• Die Fertigkeiten, die du durch die Übungen erlangst, kannst du auch auf andere Lebensbereiche anwenden – sie kommen dir also nicht nur beim Reiten zugute.

1. Entspannung und Anspannung
(Aktivationsregulation)

Eine gewisse Anspannung und Erregung, die zu der bekannten Adrenalinausschüttung im Blut führt, ist notwendig: Sie ermöglicht erst maximale Leistungen in besonderen Situationen wie Prüfungen und Wettkämpfen. Wird jedoch die Anspannung zu groß, so treten Verkrampfungen mit ihren typischen Symptomen auf: Schwitzen unter den Armen, in den Händen, flaches, schnelles Atmen, Herzklopfen. Diese Verkrampfungen wirken leistungshemmend und führen zu verminderten und falschen Reaktionen. Für eine solche Situation brauchst du wirksame Entspannungsübungen, auf die du dich verlassen kannst.

... atme langsam aus und laß dabei die Schultern langsam herabsinken.

a) Entspannung (Relaxion)
Auch Ungeübte erzielen mit den Entspannungsübungen rasch eine spür-

bare Wirkung. Probiere sie aus, um herauszufinden, welche Übungen bei dir am besten wirken. Kombiniere verschiedene Übungen und versuche allmählich, mit immer geringerem Aufwand zu einem befriedigenden Ergebnis zu kommen.

Die Schulter-Atmungs-Übung
Die im folgenden beschriebene Schulter-Atmungs-Übung hat sich als ausgezeichnete Entspannungsübung bewährt: Sie hat sich in den größten Streßsituationen, wie Weltmeisterschaften und Olympiaden, als sehr wirksam und hilfreich erwiesen. Sie kann aber – wie die anderen Übungen auch – nur dann zum Erfolg führen, wenn sie intensiv und über längere Zeit geübt wird.
Erfolg ist jedoch keineswegs nur auf Wettkampfsituationen bezogen: Entspannungsübungen helfen dir genau so im reiterlichen Alltag – wenn du ängstlich oder verkrampft bist, dir etwas nicht zutraust oder rasch entmutigt aufgibst.
Geh die einzelnen Schritte durch und probiere sie aus:
• Zieh beide Schultern in Richtung Ohren hoch – noch höher!
• Laß sie langsam wieder herabsinken.
• Zieh nun die Schultern noch einmal ganz nach oben zu den Ohren, atme dabei tief ein und halte sechs bis sieben Sekunden lang Atem und Schultern an.
• Zähle mit: 21, 22, 23, 24, 25, 26 – atme langsam aus und laß dabei die Schultern langsam herabsinken.
• Schon nach wenigen Übungen spürst du, wie deine Muskeln sich entspannen und du dich wohlfühlst. Die Übung kostet nicht viel Zeit: Du kannst sie praktisch überall im Sitzen oder Stehen durchführen. Nach einiger Zeit kannst du dir ihre entkrampfende, entspannende Wirkung auch in Streßsituationen wie in Prüfungen oder Wettkämpfen zunutze machen. Auch bei Ärger über einen ungerecht aufbrausenden Chef hilft sie dir dabei, ruhig und sachlich zu bleiben!

• Sobald du mit der Entspannungsübung auch in Streßsituationen Verkrampfungen abbauen kannst, beginnst du damit, die Übung zu verkürzen. Beim ersten Anzeichen einer Verkrampfung atmest du bewußt und tief aus. Bald wirst du spüren, daß allein dadurch wohltuende Entspannung wirksam wird. Zuletzt kannst du Entspannung schon dadurch herbeiführen, daß du nur ans Ausatmen denkst.

Gesichtsentspannung
Die sensibelste Zone deines Gesichts ist der Mund, der deshalb das Zentrum dieser Übung ist. Du läßt die Unterlippe und zugleich die Augenlider nach unten fallen. Oder: Du legst, bei leicht geöffnetem Mund, die Zunge an die Oberlippe.

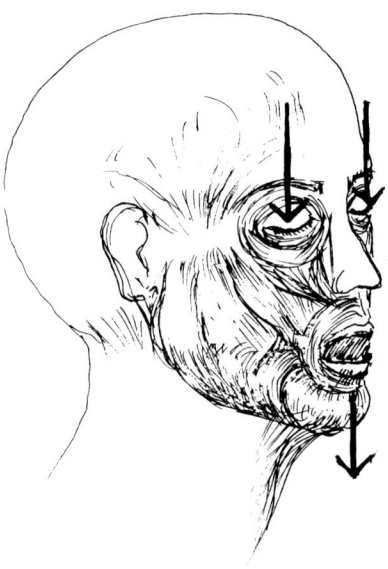

Gesichtsentspannung

Die Schulter-Atmungs-Übung und die Gesichtsübungen haben den Vorteil, daß du sie in unbeobachteten Momenten überall, auch in der Öffentlichkeit, durchführen kannst, ohne daß es auffällt.
• Nutze Streß- und Angstsituationen in allen Lebensbereichen, um mit diesen Entspannungsübungen Verkrampfungen und Überreaktionen abzubauen!

Mit diesen Entspannungsübungen kannst du in Streßsituationen Verkrampfungen und Überreaktionen abbauen.

Atem- und Gesichtsübungen anwenden:
• Presse deine Zunge einige Male 8 bis 10 Sekunden lang fest gegen den Gaumen.
• Du kannst auch eine früher erlebte Stimmung in dir wachrufen, das Erfolgsgefühl z.B., das du hattest, als du bei einem Wettbewerb hochplaciert warst oder gewonnen hast.

Auch das Hören ruhiger, harmonischer Musik kann zur Entspannung beitragen.

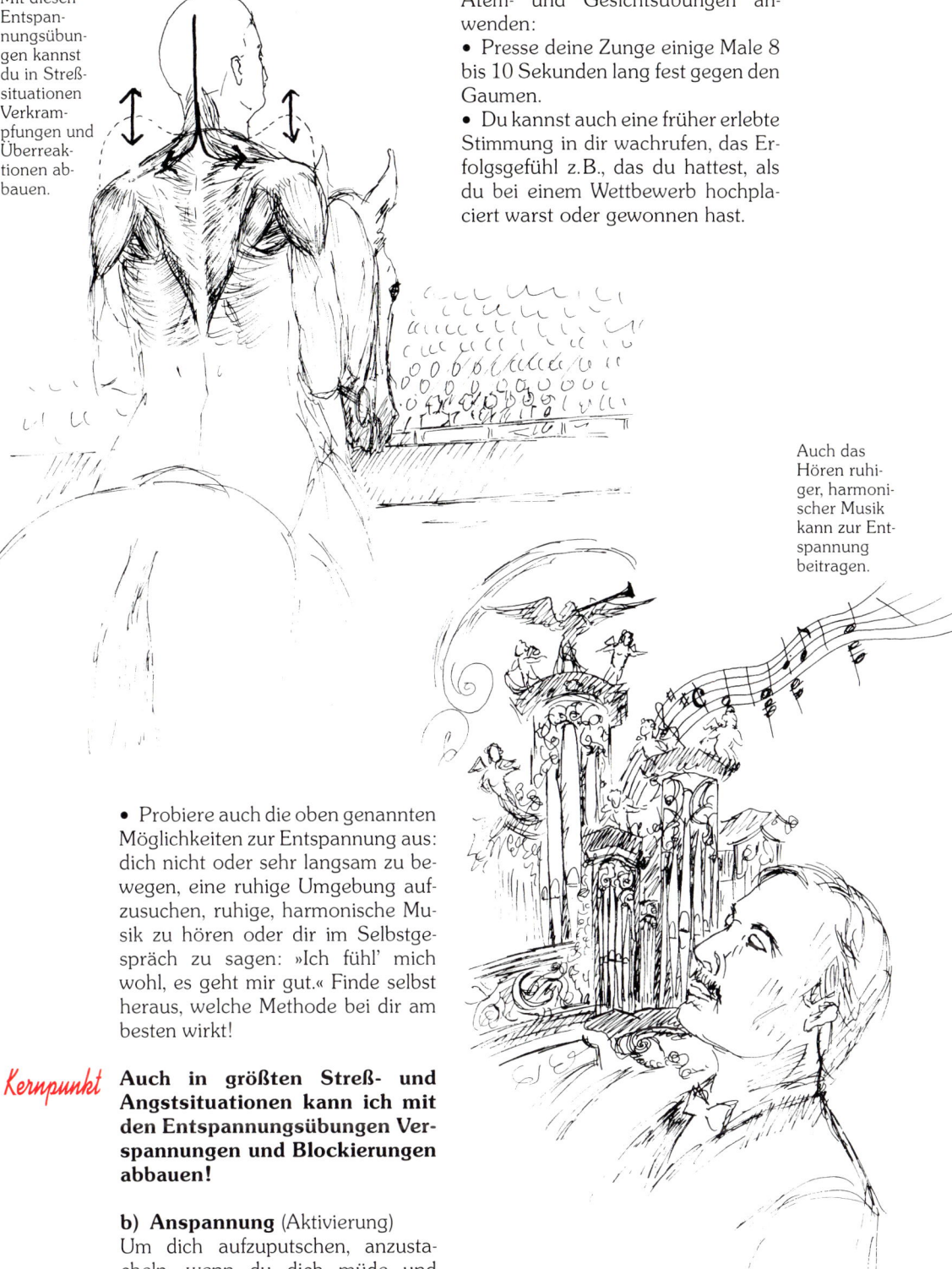

• Probiere auch die oben genannten Möglichkeiten zur Entspannung aus: dich nicht oder sehr langsam zu bewegen, eine ruhige Umgebung aufzusuchen, ruhige, harmonische Musik zu hören oder dir im Selbstgespräch zu sagen: »Ich fühl' mich wohl, es geht mir gut.« Finde selbst heraus, welche Methode bei dir am besten wirkt!

Kernpunkt **Auch in größten Streß- und Angstsituationen kann ich mit den Entspannungsübungen Verspannungen und Blockierungen abbauen!**

b) Anspannung (Aktivierung)
Um dich aufzuputschen, anzustacheln, wenn du dich müde und schlapp fühlst, kannst du ebenfalls

Fühl dich wieder so wie damals, als du gewonnen hast!

- Oder: Du führst ein Selbstgespräch: »Jetzt will ich mein Bestes geben! Euch werde ich's zeigen! Jetzt fühle ich mich frisch und topfit!«
- Versuche, einige Male mit angespannten Armmuskeln die Faust zu ballen, dich schnell und schwunghaft zu bewegen, dich durch Konzentrationsübungen (s. u.) in Anspannung zu versetzen, eine anregende, aufreizende Umgebung aufzusuchen oder Musik zu hören, die dich an- und aufregt.

Denk an das Erfolgsgefühl, das du beispielsweise hattest, als du bei einem Wettbewerb gewonnen hast.

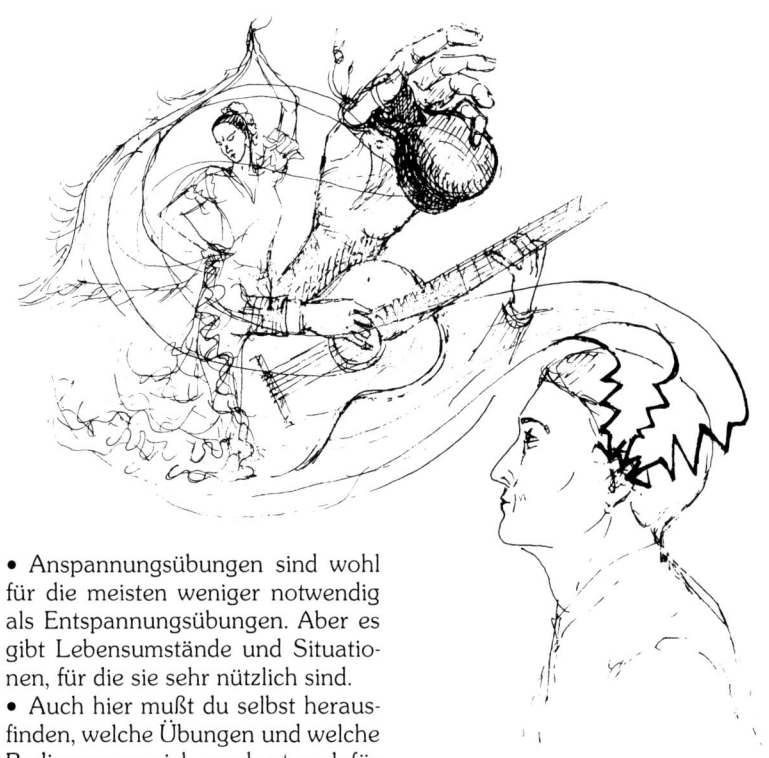

- Anspannungsübungen sind wohl für die meisten weniger notwendig als Entspannungsübungen. Aber es gibt Lebensumstände und Situationen, für die sie sehr nützlich sind.
- Auch hier mußt du selbst herausfinden, welche Übungen und welche Bedingungen sich am besten dafür eignen, dich zu aktivieren.

Du kannst dich aktivieren, indem du Musik hörst, die dich an- und aufregt.

2. Körpergefühl

- Beginne damit, einzelne Körperteile bewußt zu fühlen, z. B. jeden einzelnen Finger deiner rechten, dann deiner linken Hand, oder die Zehen – einzeln und nacheinander. Den meisten gelingt das erst, wenn sie diese Gliedmaßen bewegen. Das ist also durchaus normal! Es bedarf einer gewissen Übung, bis es dir gelingt, den gewünschten Körperteil auch ohne Bewegung sofort fühlbar zu machen.
- Trainiere dann dein Empfindungsvermögen für größere Muskelpartien: Schultern, Ober- und Unterarme, Oberschenkel und Waden. Erfahre auch das Fühlen dieser Partien über intensive Bewegung.
- Fühle auf diese Weise nach und nach deinen ganzen Körper von oben nach unten durch. Dazu gehören auch die Gelenke wie Genick, Hüft-, Hand- und Fußgelenke. Lege besonderen Wert auf das Erfühlen

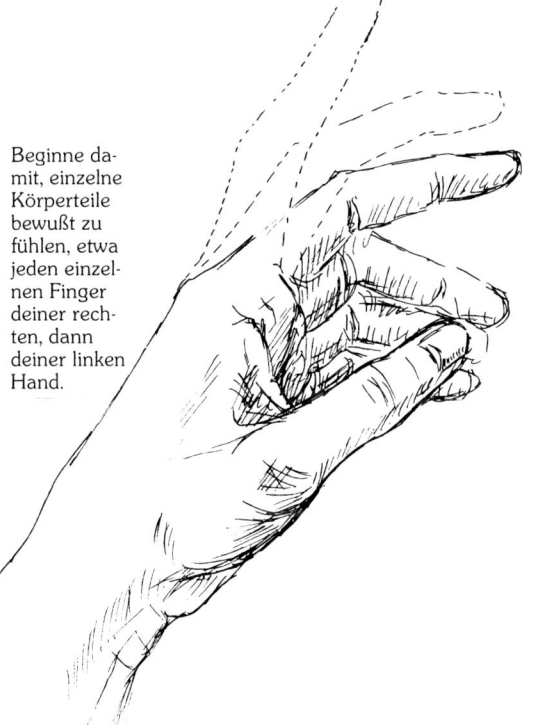

Beginne damit, einzelne Körperteile bewußt zu fühlen, etwa jeden einzelnen Finger deiner rechten, dann deiner linken Hand.

des Bewegungszentrums, der Hüften.
- Probiere das alles zuerst ohne Pferd aus, im Sitzen, Liegen oder im Stehen. Versuche dasselbe dann im Sattel während des Haltens, beim anfänglichen Schrittreiten oder in den Schrittpausen.
- Versuch auch einmal, bei automatisierten Bewegungsabfolgen, wie Gehen, Aufstehen oder Treppensteigen, deine aktiven Körperteile zu spüren.

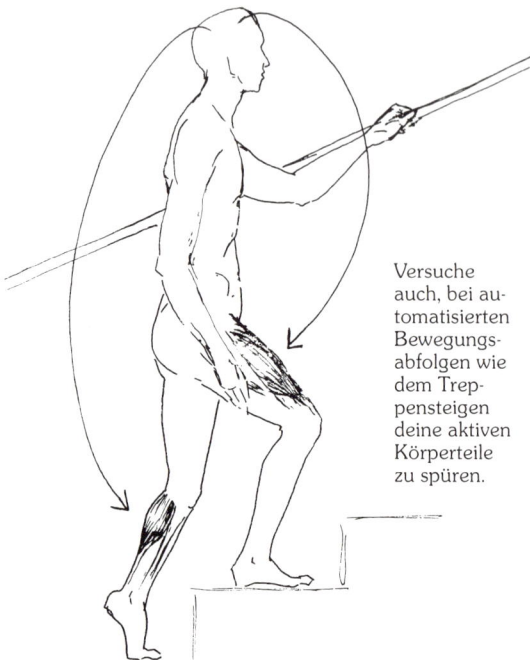

Versuche auch, bei automatisierten Bewegungsabfolgen wie dem Treppensteigen deine aktiven Körperteile zu spüren.

Mit der Verbesserung meines Körpergefühls schaffe ich optimale Voraussetzungen, um neue Bewegungsfolgen zu lernen oder alte zu korrigieren! *Ich weiß*

3. Bewegungsvorstellung

Vorübungen
- Du beginnst damit, dir an einem ruhigen Platz einfache erlebte Bilder vorzustellen: z.B. den Anblick eines bestimmten Hauses, eines Sees oder Flusses.
- Dann versuchst du, dir so genau wie möglich ein Erlebnis mit vielen Sinneseindrücken vorzustellen: Du schließt die Augen und stellst dir etwa folgendes vor: Du liegst am Meer. Du siehst das Meer in einer bestimmten Farbe, du riechst die salzige Luft, du fühlst deinen entspannten Körper in der angenehm warmen Sonne. Du fühlst den Sand unter dir und hörst die Wellen.
- Finde dabei heraus, welcher Sinneseindruck am stärksten ist. Ist z.B.

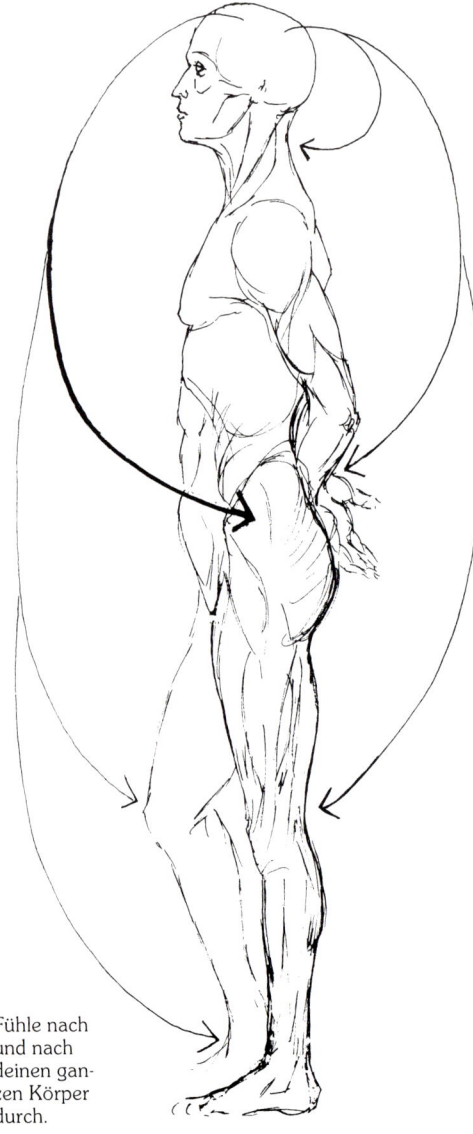

Fühle nach und nach deinen ganzen Körper durch.

Versuche, dir so genau wie möglich ein Erlebnis mit vielen Sinneseindrücken vorzustellen: Du liegst am Meer, siehst es in einer bestimmten Farbe, du riechst die salzige Luft, fühlst deinen entspannten Körper in der warmen Sonne, spürst den Sand unter dir und hörst die Wellen.

der optische Eindruck, etwa die Farbe des Meeres, am intensivsten, dann weißt du, daß das, was deine Augen sehen, später auch deine Bewegungsvorstellungen am nachhaltigsten unterstützen wird. Du kannst dir also einen Bewegungsablauf am besten und deutlichsten mit Hilfe optischer Eindrücke vergegenwärtigen. Ist dagegen das Geräusch der Wellen der nachhaltigste Eindruck, dann lernst du am besten akustisch, also durch Erinnerungen, die du hören kannst. In diesem Falle vergegenwärtigst du dir einen Bewegungsablauf mit Hilfe akustischer Eindrücke. Bei vielen Menschen sind die Sinneswahrnehmungen annähernd gleichwertig. Gehörst du zu dieser Gruppe, so wählst du eben den Sinneseindruck, der sich am leichtesten abrufen läßt.

Für den Anfang

Ich beende meine Vorstellungsübung, sobald die Eindrücke schwächer werden. Ich zwinge mich nicht dazu, das Bild schärfer zu sehen, die Luft intensiver zu riechen usw. Mit der Zeit und durch Übung gelingt das von selbst. Ich schließe die Übung ab, indem ich tief durchatme und die Augen wieder öffne.

Übungen mit Bewegungsvorstellungen
• Stell dir gewohnte Bewegungsabläufe vor wie Gehen, Laufen, Türenöffnen oder Fahrradfahren. Stell dir vor, du tust es gerade oder du siehst dir dabei zu.

Stell dir gewohnte Bewegungsabläufe wie das Fahrradfahren vor.

Stell dir einfache Bewegungsabläufe mit dem Pferd vor.

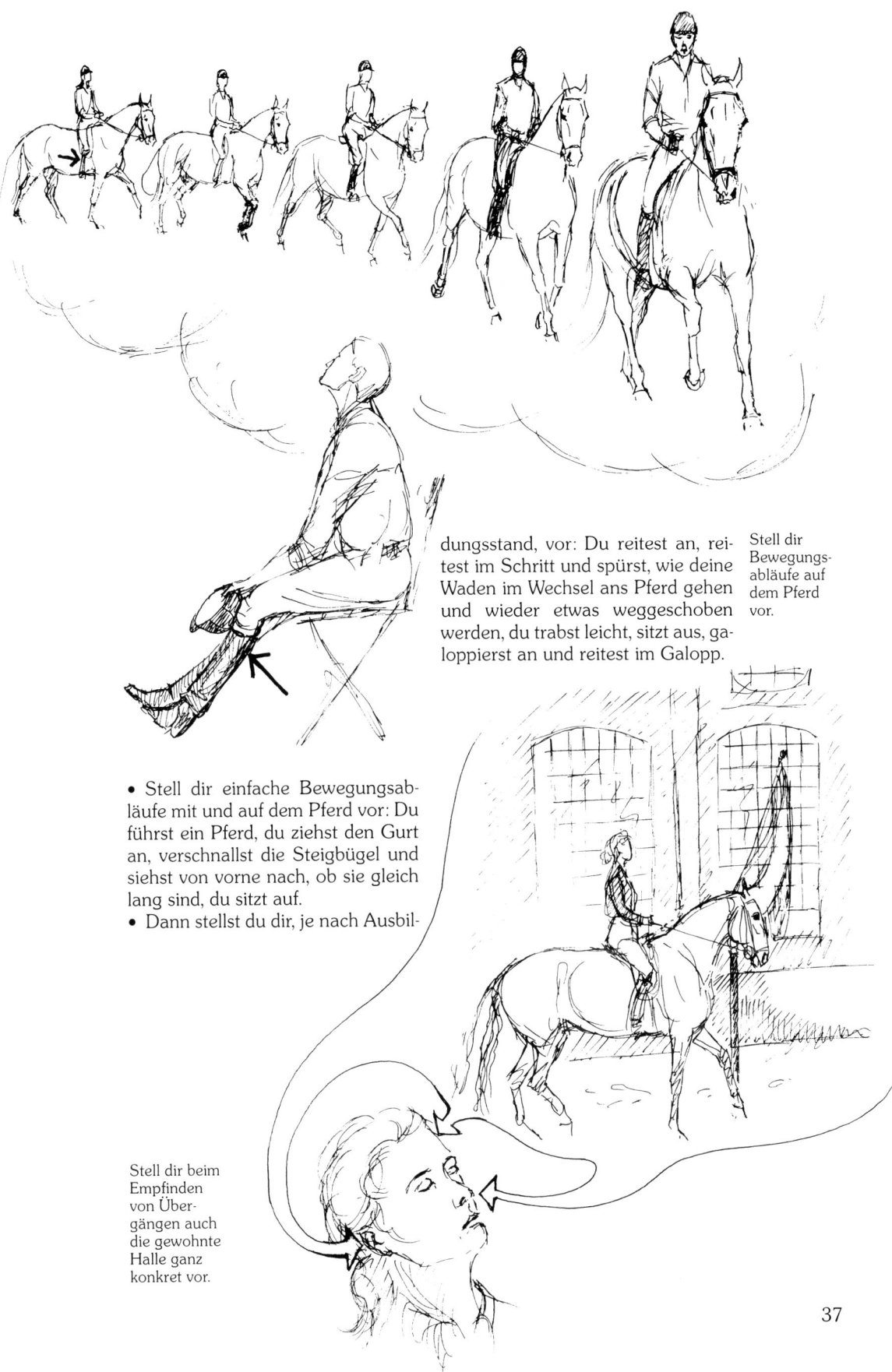

dungsstand, vor: Du reitest an, reitest im Schritt und spürst, wie deine Waden im Wechsel ans Pferd gehen und wieder etwas weggeschoben werden, du trabst leicht, sitzt aus, galoppierst an und reitest im Galopp.

Stell dir Bewegungsabläufe auf dem Pferd vor.

- Stell dir einfache Bewegungsabläufe mit und auf dem Pferd vor: Du führst ein Pferd, du ziehst den Gurt an, verschnallst die Steigbügel und siehst von vorne nach, ob sie gleich lang sind, du sitzt auf.
- Dann stellst du dir, je nach Ausbil-

Stell dir beim Empfinden von Übergängen auch die gewohnte Halle ganz konkret vor.

Nutze jede Gelegenheit, um dir Bewegungsabläufe genau vorzustellen.

- Hier ein Beispiel zum Vorstellen und Empfinden von Übergängen Trab – Schritt: Schließe dabei die Augen (oder laß sie geöffnet, wenn's dir so leichter fällt) und stelle dir folgendes ganz konkret vor, empfinde es intensiv nach: Du reitest in der gewohnten Halle, du siehst die Halle, die Buchstaben, Spiegel usw. Vielleicht riechst du sogar einen typischen Geruch (Pferdeschweiß, Bodenbelag etc.), hörst Wiehern oder Pferdehufe von draußen.

Du reitest auf der linken Hand im Arbeitstrab, fühlst, wie dein Pferd schwungvoll von hinten abfußt, deine Waden atmen nur leicht im Takt am Pferd mit, dein Pferd schwingt im Rücken, du fühlst in deinen Händen, an den Ringfingern, die leichte, gleichmäßige, elastische Verbindung zum Pferdemaul.

Jetzt federn die Waden etwas aktiver zu den stehenden, aushaltenden Händen, dabei schiebt sich dein Gesäß elastisch nach vorn. Du spürst,

... jetzt kommt der weiche Übergang zum Schritt, und du denkst an das Weitertreiben im Schrittakt.

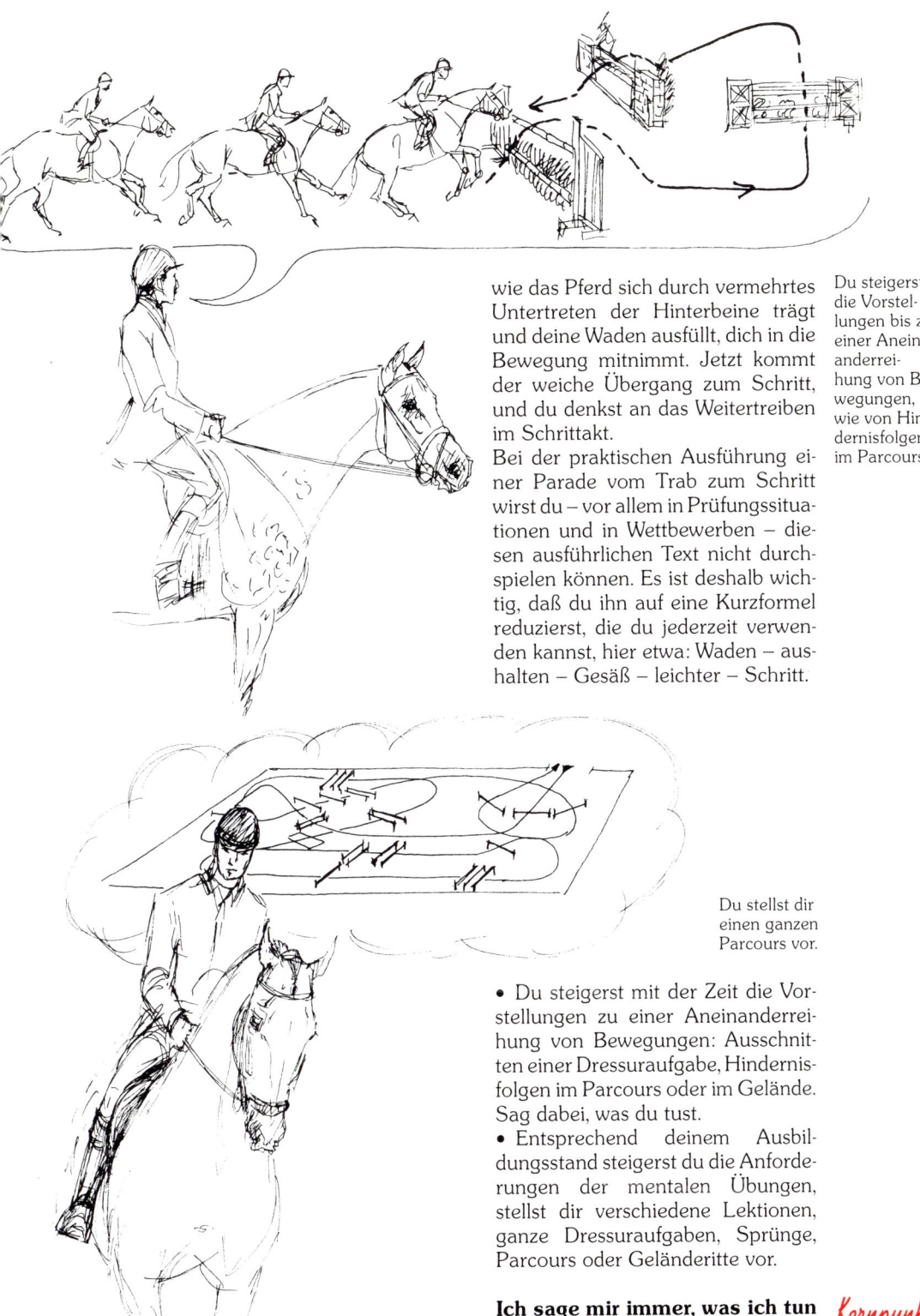

wie das Pferd sich durch vermehrtes Untertreten der Hinterbeine trägt und deine Waden ausfüllt, dich in die Bewegung mitnimmt. Jetzt kommt der weiche Übergang zum Schritt, und du denkst an das Weitertreiben im Schrittakt.

Bei der praktischen Ausführung einer Parade vom Trab zum Schritt wirst du – vor allem in Prüfungssituationen und in Wettbewerben – diesen ausführlichen Text nicht durchspielen können. Es ist deshalb wichtig, daß du ihn auf eine Kurzformel reduzierst, die du jederzeit verwenden kannst, hier etwa: Waden – aushalten – Gesäß – leichter – Schritt.

Du steigerst die Vorstellungen bis zu einer Aneinanderreihung von Bewegungen, wie von Hindernisfolgen im Parcours.

Du stellst dir einen ganzen Parcours vor.

- Du steigerst mit der Zeit die Vorstellungen zu einer Aneinanderreihung von Bewegungen: Ausschnitten einer Dressuraufgabe, Hindernisfolgen im Parcours oder im Gelände. Sag dabei, was du tust.
- Entsprechend deinem Ausbildungsstand steigerst du die Anforderungen der mentalen Übungen, stellst dir verschiedene Lektionen, ganze Dressuraufgaben, Sprünge, Parcours oder Geländeritte vor.

Ich sage mir immer, was ich tun will, und nicht, was ich vermeiden muß.

Kernpunkt

4. Konzentration

• Beginne, wie oben beschrieben, mit einfachen Vorstellungen von Bildern und Erlebnissen. Es ist ganz normal, daß du am Anfang des Konzentrationstrainings immer wieder durch andere Gedanken, die dazwischenkommen, gestört wirst, z.B. den Streit mit den Eltern, den Ärger in der Schule oder am Arbeitsplatz.

• Diese querschießenden Gedanken versuchst du nicht zu verdrängen, (sonst werden sie immer stärker), sondern du verschiebst sie auf später: Du schreibst in deiner Vorstellung die störenden Gedanken auf einen Zettel, den du in deinen »Problem-Briefkasten« wirfst. Dabei versprichst du deinem Ich, dich mit diesem Problem später zu befassen. Halte das Versprechen aber unbedingt ein! Sonst spielt dir dein Unterbewußtsein bei nächster Gelegenheit einen Streich.

• Du steigerst die Bewegungsvorstellungen bis zu komplexen Bewegungsfolgen wie Aufgaben und Parcoursverläufen. Trainiere dies mit Störfaktoren: bei Radiomusik, mit Kopfhörer, unter anderen Menschen, die sich im selben Raum unterhalten oder fernsehen usw.

• Stell dir mit dem Pferd zu ganz bestimmten Zeiten Aufgaben vor, in denen du auch unter widrigen Umständen reitest, z.B. bei schlechtem Wetter, ungünstigen Bodenverhältnissen, vor kritischen Zuschauern, bei Lärm und flatternden Plastikbän-

Verdränge diese querschießenden Gedanken nicht, sondern verschiebe sie auf später.

Trainiere später die Vorstellung von Bewegungsfolgen auch mit Störfaktoren – bei lauter Radiomusik oder aufgedrehtem Fernseher.

Stell dir auch Aufgaben vor, in denen du unter widrigen Umständen reitest.

SICH ZEIT LASSEN!

sich nach 20 Minuten in Dehnungshaltung reiten. Mit der Durchlässigkeit hapert es noch, aber das kriegen wir auch noch hin.
Oder: Gestern und vorgestern war ich hochzufrieden mit meinem Pferd-

Du wirst dir beim Abreiten Zeit lassen und dein Pferd nicht überziehen.

Ruf dir Ablauf und Stimmung des Tages, an dem du besonders erfolgreich warst, ins Gedächtnis.

chen und mir. Heute lief rein gar nichts! Was soll's? Mein Pferd ist halt ein Lebewesen und keine Maschine. Nicht aufregen, lieber mit Anstand aufhören, noch einmal abspannen. Morgen ist alles wieder im Lot.
- Du fragst dich, was die Ursachen für den oder die Patzer waren: Lag es an den äußeren Umständen – waren unruhige Zuschauer, laute Musik oder Bodenverhältnisse schuld? Du wirst es herausfinden und im Training versuchen, entsprechende Umstände einzubeziehen.
- Warst du vielleicht selbst nicht konzentriert genug, war deine mentale Vorbereitung nicht ausreichend? Du wirst daran arbeiten.
- Lag es an der Vorbereitung des Pferdes, das einzelne Lektionen zwar zu Hause unter optimalen Bedingungen schon ging, aber noch nicht sicher genug war? Du wirst diese Lektionen verbessern und festigen.
- Hast du dein Pferd beim Abreiten »überzogen«, also zuviel verlangt, so daß es während der Aufgabe nachließ? Du wirst deine Abreitetechnik überdenken und ändern.
- Ruf dir Ablauf und Stimmung des Tages, an dem du besonders erfolgreich warst, ins Gedächtnis zurück. Sicher lagen gerade hierin wichtige Voraussetzungen für deinen Erfolg.
- Finde heraus, welche Umstände vor einem Start für dich am günstigsten sind: Rummel oder Ruhe? Der eine möchte in dieser Situation nicht einmal angesprochen werden, sondern sich in den letzten Minuten vor dem Start in völliger Abgeschiedenheit auf die Aufgabe konzentrieren. Der andere empfindet es als willkommene Ablenkung, wenn er mit möglichst vielen über alles mögliche reden kann. Ein dritter setzt sich den Kopfhörer auf und hört Musik. Der nächste wieder stimmt sich aggressiv

Mancher Reiter möchte sich vor dem Start in völliger Abgeschiedenheit auf die Aufgabe konzentrieren.

Finde heraus, welche Bedingungen für dich am günstigsten sind.

ein, weil er eine gewisse Kämpferhaltung braucht, um das Beste zu leisten.

• Du mußt herausfinden, welche Bedingungen für dich persönlich am geeignetsten sind. Auch dafür brauchst du ein gesundes Selbstbewußtsein, das dich in die Lage versetzt zu sagen: Gleichgültig, was die anderen tun oder raten – für mich ist es *so* am besten, nur *ich* kann letztlich beurteilen, unter welchen Voraussetzungen ich optimale Leistungen bringen kann.

Ich lasse mich nicht von anderen beirren! Ich und mein Lehrer beurteilen, was gut für mich ist!

Merksatz

Du übst, den »inneren Schweinehund« zu überwinden: »Auf geht's, jetzt pack' ich's!«

6. Selbstgespräch

Du kannst also durch Selbstgespräche zwei Bereiche wirkungsvoll beeinflussen, nämlich deinen emotionalen Zustand (»ich fühle mich richtig wohl«) und deine Fertigkeiten zum Handeln (du sagst dir vor, was du tun willst oder mußt).

a) Übungen, die den Zustand regulieren

• Beginne mit einfachen, alltäglichen Situationen: Wenn du z.B. schwankst, ob du aufstehen oder wohlig im Bett bleiben sollst, sagst du dir: »Auf geht's, jetzt pack' ich's!« – Du übst, den »inneren Schweinehund« zu überwinden!

• Oder: Du sitzt vor einem leeren Blatt, an deiner Schreibmaschine oder am Computer, und träumst vor dich hin, anstatt zu arbeiten. Du forderst dich energisch auf: »Jetzt reiß' ich mich zusammen, ich konzentriere mich. Wenn ich meinen Text geschrieben habe, mache ich etwas

Du motivierst dich zu vermehrter Anstrengung, indem du dir eine Belohnung versprichst.

Schönes, gehe ins Kino oder zum Essen, lese meinen spannenden Krimi weiter oder sehe den berühmten Western im Fernsehen.« Indem du dir eine Belohnung versprichst, motivierst du dich zu vermehrter Anstrengung.

• In Situationen, in denen du zögerst, an dir zweifelst, rufst du dir zu: »Komm, du bist gut genug, du schaffst das!«

Du rufst dir zu: »Komm, du bist gut genug, du schaffst das!«

Du schließt kurz die Augen und sagst dir: »Jetzt tief und gleichmäßig ausatmen – jetzt fühle ich mich locker und fit!«

Du kannst dich aufputschen und zur Höchstleistung anfeuern: »Euch werd' ich's zeigen. Ich gebe heute mein Bestes, ich bin in Topform und mein Pferd auch!«

- Vielleicht hast du Schwierigkeiten, dich vor anderen Leuten sprachlich auszudrücken. Sag dir, daß du es kannst. Überlege, was du sagen willst, und drück dies in den dir eigenen Worten aus.
- Du willst alles dafür tun, um dich zu verbessern. Andere aber nörgeln nur an dir herum, nehmen dir den Mut. Du sagst dir mit einem gesunden Stolz: »*Ich bin ich. Ich bin in meiner Art einmalig.* Ich weiß, was ich will, und ihr könnt mich nicht drausbringen!«
- Vor einem Wettbewerb bist du nervös und verkrampft. Du schließt kurz die Augen und sagst zu dir: »Jetzt tief und gleichmäßig ausatmen – jetzt fühle ich mich locker und fit!«
- Oder: Du spürst, daß es dir an Einsatzwillen fehlt, du fühlst dich schlapp und lustlos. Du kannst dich aufputschen und zur Höchstleistung anfeuern, indem du dir zurufst: »Euch werd' ich's zeigen! Ich gebe heute mein Bestes, ich bin in Topform und mein Pferd auch!«

Ich kann mich, je nach Bedarf, vor dem Wettbewerb aufputschen oder entspannen! *Kernpunkt*

- Du bist kleinmütig und deprimiert, weil heute gar nichts geklappt hat. Du zwingst dich, daran zu denken, daß gestern oder vorgestern alles viel besser ging. Du sagst dir energisch: »Das kann ich doch jederzeit wieder erreichen. Das war doch kein Zufall, ich werde das wieder so hinkriegen! Ich werde mich jetzt genau daran erinnern, wie das war und wie ich das erreicht habe.«
- Du bist abgelenkt und unkonzentriert, weil du private oder berufliche Sorgen hast. Schüttle sie ab! Sag dir: »Nur für diese kurze Zeit will ich nicht daran denken. Jetzt will ich reiten und nichts anderes. Nachher ist noch genügend Zeit für das andere. Es

Sag dir: »Jetzt will ich reiten und für diese Zeit alle Sorgen vergessen!«

bringt doch gar nichts, wenn ich alles vermische! Ich schalte jetzt radikal ab. Verdammt, das wird doch möglich sein!«

b) Übungen, um Fertigkeiten zu lernen, zu festigen und zu verbessern

- Du sagst dir beispielsweise beim Anreiten, solange es für dich noch etwas Neues ist: »Waden andrücken, vorne an den Sattel rücken und gleichzeitig mit den Zügeln nachgeben.« Wenn du diese Hilfen gelernt hast und richtig anwendest, brauchst du dabei nichts mehr zu sagen oder zu denken, du hast sie automatisiert. Du kannst sie, wann immer du sie brauchst, abrufen.
- Die Selbstgespräche verändern sich mit fortschreitendem Lernprozeß. Sie werden immer kürzer, stichwortartiger, z.B. »Druck« (Waden und Gesäß), »leichter« (Verbindung zum Pferdemaul). Du paßt dadurch dein Selbstgespräch auch zeitlich an dein Handeln an, denn du wirst merken, daß die Vorgänge beim Reiten wesentlich rascher ablaufen als die ausführlichen Selbstgespräche zu Beginn des Lernens.
- Sie verändern sich auch in Hinblick auf spezielle Schwierigkeiten oder Fehler, die sich eingeschlichen haben. Das heißt etwa: Du hast die Hilfenkombination zum Anreiten (und damit zum Antraben und zum Zulegen im Trab) gelernt und gefestigt, hast dir dabei aber eine starre, feste linke Hand angewöhnt (das Gebiß ist links immer etwas mehr sichtbar als rechts). Dein Selbstgespräch wird sich auf »linke Hand leichter« und zuletzt auf »links« reduzieren.

Du hast dir eine starre linke Hand angewöhnt. Dein Selbstgespräch wird sich zuletzt auf »links« reduzieren.

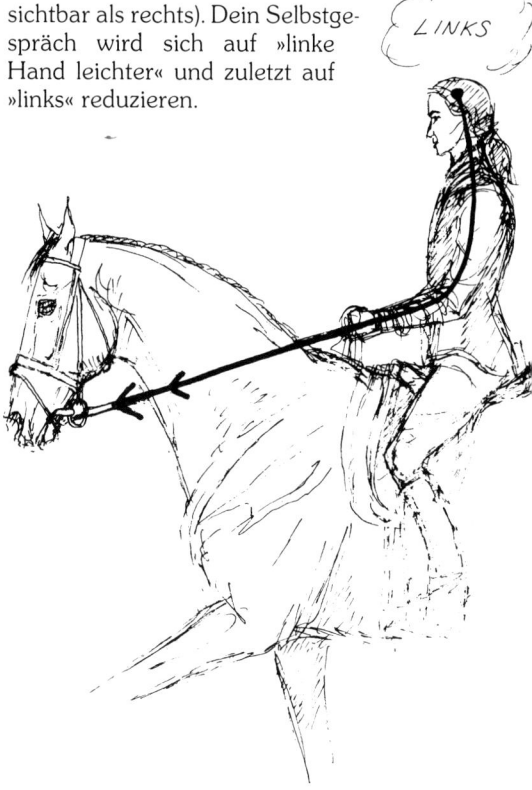

Ich bitte von Zeit zu Zeit meinen Lehrer darum, mit mir zusammen in Kurzform mein persönliches Selbstgespräch zu den entsprechenden Übungen zu formulieren.

- Du bist mit den Hilfen für die Vorhandwendung oder für das Schenkelweichen vertraut, dein Pferd läuft dir aber mit zuviel Halsbiegung immer wieder über die äußere Schulter weg. Dein Selbstgespräch wird sich etwa so anhören: »Innere Wade – am äußeren Zügel durch Öffnen und Schließen der Faust aus der etwas strengeren Verbindung heraus auffangen.« Kurzform: »Innere Wade – äußerer Zügel.« Zum Schluß: »Innen – außen!«

- Dein Lehrer wird dich zur Kontrolle das Selbstgespräch anfangs laut sprechen lassen, es »abhören«. Danach führst du es in Gedanken, als inneres Selbstgespräch, das von anderen nicht zu hören ist.

Dein Pferd läuft dir mit zuviel Halsbiegung über die äußere Schulter weg. Dein Selbstgespräch könnte zuletzt, in seiner reduzierten Kurzform, lauten: »Innen – außen.«

Weitere Übungen zum Lernen und Festigen von reiterlichen Fertigkeiten

- <u>Paraden:</u> Du sagst dir ausführlich, was du lernen willst: »Ich treibe mit den Waden und dem vorgeschobenen Gesäß (wie beim Anreiten oder Antraben) zu beiden stehenden (also nicht nachgebenden) Händen hin – etwa eine Sekunde lang (zähle: »einundzwanzig«), dann werde ich leichter mit Händen und Gewicht (höre also wieder auf zu treiben, sitze passiv).« Nun folgt, je nach Notwendigkeit, die nächste Parade. Nach einigen Übungen, bei denen du dir den gesamten Vorgang genau vorstellst, kürzt du das Selbstgespräch ab: »Zu beiden Händen hinfedern – einundzwanzig zählen – leichter werden (Hände und treibende Hilfen).« Dann weiter verkürzt: »Hinfedern – einundzwanzig – leichter werden.« Zuletzt: »Hin – leichter.«

Bei den Paraden beschränkst du am Ende dein Selbstgespräch auf die Kurzform: »Hin – leichter.«

Beim Eckeausreiten: »Stellung – Biegung – leichter (innen) – gerade.«

Selbstgespräch beim leichten Sitz: »Beine (Fußgelenk und Knie), Oberkörper (Schultern etwas vor, Gesäß leicht anheben), Hände (tief).« Zuletzt nur: »Beine, Oberkörper, Hände.«

Kurzform deines Selbstgesprächs bei Wendungen im leichten Sitz: »Innerer Bügel, innen annehmen, nachgeben, außen begrenzen.«

- Ecken ausreiten: Du sagst dir zuerst in allen Einzelheiten, was du lernen willst, und übst auch dies wieder mental. »Vor der Ecke Stellung geben (wie lange vorher, kommt auf das Pferd an, also darauf, wie lange du dazu brauchst). Dann mit der inneren Wade durchfühlen: biegen. Wenn die innere Hand genau in der Mitte der Ecke ist, leichter werden, herausreiten und gerade stellen.« Wenn du nach einigen Übungen weißt, um was es geht, genügt die Kurzform:
»Stellung – Biegung – leichter (innen) – gerade.«
- Leichter Sitz (für Springen oder Gelände): Du sagst dir wieder vor, was du lernen willst: »Ich gebe mein Gewicht in die Steigbügel und in die Knie. Mein Oberkörper geht entsprechend dem Tempo etwas vor, mein Gesäß hebe ich leicht aus dem Sattel. Die Hände nehme ich tief bis unter den Mähnenkamm.« Dann in abgekürzter Form:
»Beine (Fußgelenk und Knie), Oberkörper (Schultern etwas vor, Gesäß leicht anheben), Hände (tief).« Zuletzt nur: »Beine, Oberkörper, Hände.«
- Wendungen im leichten Sitz: Dein anfängliches Selbstgespräch: »Den inneren Steigbügel austreten (mehr belasten), mit der inneren Hand immer wieder nach innen führen und leichter werden, am äußeren Zügel behalten (am Pferdemaul bleiben) und mit dem äußeren Schenkel begrenzen.«
Kurzform am Ende: »Innerer Bügel, innen annehmen, nachgeben, außen begrenzen.«

Das Selbstgespräch ist ein ausgezeichnetes Mittel, um zu lernen, Fehler zu korrigieren und Leistungen zu verbessern!

Merksatz

2. Angstbewältigung und Falltraining

2.1. Angstbewältigung

Vor dem Pferd und beim Reiten haben viele Menschen Angst – doch die wenigsten getrauen sich, das zuzugeben.
Dabei hat Angst eine natürliche positive Schutzfunktion, die dem Schutz und der Erhaltung des Lebens dient. Sie ist also an sich keineswegs verwerflich oder lächerlich. Angst warnt uns vor Gefahren, sie ist ein Alarmsignal, das wir ernst nehmen sollten.
Gerade dein Sportpartner, das Pferd, ist ein gutes Beispiel dafür, daß Angst lebens- und arterhaltend sein kann. Als Fluchttier reagiert es auf das Alarmsignal Angst, indem es das Weite sucht, es entzieht sich durch Flucht. Ohne diesen Fluchtinstinkt wären die Überlebenschancen des wild lebenden Pferdes minimal, wenn nicht gleich Null gewesen.

Und auch unser heutiges, domestiziertes Reitpferd gehorcht diesem Urinstinkt. Du kannst das leicht feststellen, wenn du beobachtest, wie dieses große Tier auf Umweltreize reagiert: Es läuft weg – vor gackernden Hühnern, vor Plastikfahnen, vor aufwirbelnden Blättern, vor einem ungewohnten Geräusch. Es versucht, sich allem Unbekannten – das ja eine Gefahr sein könnte – durch Flucht zu entziehen. Damit tut es im Grunde etwas sehr Sinnvolles. Als Reiter mußt du das verstehen und akzeptierenn, auch wenn es dich stört, ärgert oder in unvorhergesehene Situationen bringt! Das Pferd hat nicht die Möglichkeiten menschlicher Vernunft, mit denen sich Angst erklären und in den meisten Fällen auch abbauen läßt.

• Du als Mensch kannst deine Angst dadurch in den Griff bekommen, daß du sie dir zuallererst eingestehst, dann nach ihren Ursachen fragst und sie zu bewältigen versuchst. Es kann sein, daß du die Angst nicht

Das Pferd als Fluchttier reagiert auf Umweltreize, indem es das Weite sucht.

ganz los wirst, aber du kannst lernen, mit ihr umzugehen. Du kannst vor allem unterscheiden lernen zwischen objektiven, wirklichen Gefahren und denjenigen, die du dir einbildest, die du dir aus Unkenntnis oder mangelndem Selbstvertrauen heraus »einredest«.

Mir ist klar

Meine Angst vor realen, wirklichen Gefahren ist nicht nur berechtigt, ich muß sie unbedingt ernst nehmen!

Eine wirkliche Gefahr besteht dann, wenn du etwas tun möchtest oder sollst, wozu du, dein Pferd oder beide ganz offensichtlich nicht in der Lage seid. Wer z.B. über einen Sprung reitet, der Reiter und Pferd oder den einen von beiden eindeutig überfordert, handelt grob fahrlässig und geht eine Gefahr ein, die er aufgrund seiner Urteilsfähigkeit vermeiden muß – ja *muß*, denn dafür hat er seinen Verstand und sein Selbsteinschätzungsvermögen.

• Laß dich nie auf irgendwelche sog. »Mutproben« ein, wenn dich jemand z.B. auffordert, einen Oxer zu springen, vor dem dir im Grunde »himmelangst« ist. Der »Mut« wäre hier nichts als Dummheit, hirnlose Tollkühnheit.

Es ist vernünftiger und mutiger, sich zu weigern. Das gilt auch für den Fall, daß dein Reitlehrer dich zu einer Leistung aufstachelt, die du dir nicht zutraust. Du hast gute Gründe dafür und wirst dich zu ihnen bekennen: Sei es, daß du oder dein Pferd noch nicht so weit seid, sei es, daß du nach einem früheren Sturz noch nicht wieder bereit bist oder daß du dich an diesem Tag einfach nicht fit genug fühlst.

Übrigens: Wenn du von deinem Pferd etwas verlangst, dem es (noch) nicht gewachsen ist, kannst du auch mit dem Tierschutzgesetz in Konflikt geraten!

• Laß dich also nie darauf ein, etwas zu tun (wo und durch wen auch immer!), wovor dich die innere Schutzstimme der Angst ausdrücklich warnt. Es ist schon viel passiert, weil ein Reiter sich z.B. zu einem Ausritt überreden ließ oder über ein Hindernis sprang, dem er sich nicht gewachsen fühlte, das er im Grunde auf keinen Fall an diesem Tag springen *wollte*.

• Wichtig ist, daß du dir selbst darüber klar bist. Dies auch auszusprechen, ist der nächste Schritt. Du weißt jedoch inzwischen, wie du das nötige Selbstbewußtsein hierfür trainieren kannst!

Laß dich nie zu sogenannten Mutproben überreden.

Vorsatz

Ich mache nur, was ich mir (und meinem Pferd) wirklich zutrauen kann. Alles andere wäre dumm und unsportlich!

• Welche verheerenden Folgen es haben kann, wenn ein Schüler glaubt, seinem Lehrer Folge leisten zu müssen, und seiner inneren Angststimme zum Trotz z.B. über einen Sprung reitet, zeigen genügend traurige Fälle aus der Praxis, wo Reiter mit schweren Schädelverletzungen, zwei gebrochenen Beinen oder sogar Querschnittslähmung für ihren »Mut« bezahlt haben. Laß dir also nie einreden, Angst zu haben sei Quatsch. Nimm das innere Warnsignal ernster als alle noch so überzeugend wirkenden Einflüsse von außen!

Für viele Jugendliche allerdings haben Mutproben einen unbestreitbaren Reiz. Hier liegt die Verantwortung beim Reitlehrer, der am besten beurteilen kann, was er seinem Schüler zumuten darf. An ihm ist es auch, gegen Leichtsinn und Selbstüberschätzung energisch anzugehen. Er wird seinen Schülern unmißverständlich klarmachen, daß sie mit Draufgängertum sich, das Pferd und andere Reiter in Gefahr bringen können. Unbeaufsichtigtes Springen sollte ohnehin verboten sein!

Mutproben draufgängerischer Jugendlicher sind schon im Ansatz zu bekämpfen.

Als Lehrer

Ganz anders ist die Situation bei vielen Erwachsenen, vor allem bei denjenigen, die erst relativ spät angefangen haben zu reiten. Sie erscheinen oft überängstlich und sollten sich deshalb nicht schämen müssen. Sie haben meist gute Gründe dafür, etwas abzulehnen, was ihnen riskant erscheint. Sie schalten viel stärker ihre berechtigte Vernunft ein, tragen Verantwortung für Familie und Beruf und wissen, daß sie sich einen Unfall einfach »nicht leisten« können.

• Selbst wenn du als Lehrer glaubst, dein Schüler sei auf eine neue Anforderung optimal vorbereitet, solltest du ihn niemals zu etwas überreden, das er sich nicht zutraut. Allein die Tatsache, daß er wirklich Angst hat, ist ein Risikofaktor und fordert Unfälle geradezu heraus.

Für den Anfänger, vor allem für den Stadtmenschen, sieht so ein Pferd oft sehr groß aus.

Angst wird abgebaut durch intensives Kennenlernen des Pferdes.

Als Lehrer

Ich nehme jedes Anzeichen von Angst bei meinen Schülern ernst. Ich überrede sie nie dazu, etwas zu tun, dem sie sich nicht gewachsen fühlen. Denn dann passiert's bestimmt!

Durchaus verständlich und natürlich ist vor allem die – meist unterschwellige – Angst (oder Ängstlichkeit) des Anfängers vor dem großen und noch sehr fremden Tier Pferd. Das gilt in besonderem Maß für Stadtmenschen, die bestenfalls mit kleineren Haustieren Kontakt hatten.
• Diese Angst ist so natürlich wie jede Angst vor dem Fremden, Unvertrauten, das man nicht kalkulieren kann. Sie ist durch Erwerb von Kenntnissen und Erfahrungen relativ leicht zu beheben.
• Sie wird abgebaut durch das intensive Kennenlernen des Pferdes, seines Wesens und seines Verhaltens, und zwar vor dem ersten Reiten, im Umgang mit ihm: im Stall, beim Putzen, beim Führen, über jeden möglichen Kontakt. Natürlich ist das nur bei ruhigen, zuverlässigen Pferden möglich, die dem Neuling das nötige Vertrauen einflößen. Kein vernünftiger Reitlehrer wird den Anfänger mit einem nervösen, schreckhaften oder schwierigen Tier konfrontieren!
• Du wirst als Lehrer auch darauf achten, daß der Stallübermut abgebaut ist, das Pferd also evtl. vorher ablongiert oder von einem erfahrenen Reiter abgeritten wurde.
• Selbstverständlich muß auch das »Handwerkszeug« stimmen. Sattel

Eine sturzsichere Reitkappe sollte für Anfänger selbstverständlich sein.

Wie entscheidend ein zuverlässiges, gut ausgebildetes Lehrpferd ist, veranschaulicht das Foto dieses kleinen Mädchens, das keinerlei Angst zeigt (Theresa Wahler auf dem Trakehnerhengst »Caprimond«).

Vorsatz als Lehrer

und Zaumzeug müssen in Ordnung und tadellos angepaßt sein. Gefahren- und damit Angstquellen dieser Art sind unnötig und vermeidbar. (Vgl. P. und W. Hölzel, *Sicher Reiten*)

• Das Tragen einer sturzsicheren Reitkappe sollte für Anfänger selbstverständlich sein. Beim Springen und im Gelände ist sie ohnehin unverzichtbar. Auch feste Reitstiefel (zumindest Stiefel, die die Knöchel umschließen) sind hier ein empfehlenswerter Schutz.

• Der Lehrer wird sich überdies darum bemühen, den Schüler so fachgerecht und intensiv wie möglich in alle Einzelheiten einzuführen, die für den Umgang mit Pferden unerläßlich sind. Sei dabei lieber zu »pingelig« als zu nachlässig!

Ich tue alles, um Angst abzubauen oder zu verhindern. Ich sorge dafür, daß alle voraussehbaren Gefahrenquellen vermieden werden!

• Du kannst aber auch als Schüler selbst sehr viel dazu beitragen, deine Angst abzubauen: Stell dir vor und nach jedem Handgriff, jeder Tätigkeit, genau vor, was du tun wirst bzw. getan hast. Du kannst auf diese Weise dein Körpergefühl und deine Bewegungsvorstellung schulen, wo immer und so oft du willst, auch ohne daß ein Pferd in der Nähe ist.

• Indem du diese Fertigkeiten trainierst, schaffst du zugleich die besten Voraussetzungen für deren spätere Anwendung beim Reiten.

• Sieh auch anderen beim Umgang mit Pferden genau zu, versetze dich mental so intensiv in deren Handeln hinein, als ob du selbst agierst.

• Vielleicht helfen dir einige Entspannungsübungen (Schulter-Atmungsübung, Gesichtsentspannung), bevor du dich mit dem Pferd beschäftigst. Bemühe dich auch um äußerste Konzentration.

• Schalte alle anderen Faktoren aus, denn unkonzentriertes Verhalten führt leicht zu Unachtsamkeit und

Nachlässigkeit. Und denk daran: Fahriges Verhalten kann auch dein Pferd unsicher und ängstlich machen und dadurch gefährlich sein.

• Vielleicht mußt du auch einfach dein Selbstbewußtsein ansprechen, indem du dir sagst: »Ich habe das jetzt gelernt und einige Male gemacht, also kann ich es mir zutrauen!« »Mir ist es gleichgültig, wenn andere grinsend daneben stehen, ich krieg' das jetzt hin.«

• Es kann sein, daß deine Angst durch frühere negative Erfahrungen begründet ist: Du bist vielleicht als Kind von einem Pferd gebissen oder geschlagen worden, oder ein Reitunfall, der Jahre zurückliegt, steckt dir noch in den Knochen.

• Das mußt du selbst analysieren, herausfinden und mit den oben genannten Übungen und der fachlichen Hilfe eines guten Lehrers allmählich abzubauen versuchen. Wichtig ist, daß du dir deine Angst nicht einfach ausredest oder ausreden läßt (»Ach was, sei doch kein Feigling!« »Du Schlappschwanz, da ist doch nichts dabei!«). Nur wenn du dich zu deiner Angst und deren Gründen bekennst und sie vernünftig und systematisch bekämpfst, bist du schließlich überzeugt – nicht überredet –, daß kein wirklicher Anlaß dafür mehr vorhanden ist.

• Habe den Mut, das vor dir und vor anderen zuzugeben und dich im Ernstfall energisch zu weigern. Denk daran:

Angst ist ein Risikofaktor, der nicht nur dich, sondern auch dein Pferd verunsichert und Gefahren geradezu heraufbeschwört.

Weil sich Angst auf deinen lebenden Partner, das Pferd, überträgt, ist sie noch gefährlicher als in anderen Sportarten.

• Mach dir auch klar: Mut ist nicht Tollkühnheit, nicht blindes Draufgängertum, das auch Dummheit sein kann! Wenn es dir gelingt, deine Angst durch Training deiner mentalen Fertigkeiten und in realistischer Einschätzung deiner Möglichkeiten zu besiegen, weißt du selbst am besten, was du dir zutrauen kannst und was nicht. Du bist dann auch gelassen genug, um nicht dir oder anderen durch (leichtsinnige) »Mutproben« etwas beweisen zu müssen!

Angst jedoch ist nicht nur ein Risikofaktor. Angst kann auch lähmen und Lernprozesse nachhaltig blockieren, weil sie deine Energien vollständig in Anspruch nimmt.

• Vielleicht bist du von Natur aus ein eher ängstlicher Mensch, der sich grundsätzlich nicht viel zutraut. Durch mentale Übungen (z.B. Entspannung, Konzentration, Selbstbewußtsein) wirst du in der Lage sein, dagegen anzugehen. Nutze dabei die vielfachen Möglichkeiten des Selbstgesprächs.

Es kann ja auch sein, daß du nur Angst davor hast, dich vor anderen zu blamieren, daß du von äußerer Anerkennung abhängig bist: Auf der Zuschauertribüne sitzen die Eltern, kritische Freunde oder Kollegen, auf die du Eindruck machen möchtest.

• Du hast jetzt erkannt, daß du vor allem dein Selbstbewußtsein stärken mußt, und weißt inzwischen auch, was du dafür tun kannst.

Mentale Übungen helfen dir dabei, auch Angst vor Zuschauern zu überwinden.

Ich kann doch vorzeigen, was ich bisher gelernt habe!

habe jetzt auch so viel fachliche Kompetenz, daß ich mir ein bißchen was zutrauen darf! Aber ich lasse mich zu nichts überreden, wovor meine innere Überzeugung mich warnt.

- Oft ist es gar nicht so schwierig, sich zu sagen: »Ich kann doch vorzeigen, was ich bisher gelernt habe! Ich bin doch eigentlich ganz gut!« Vielleicht hilft auch einmal das (heimlich geflüsterte) Götz-Zitat: »Ihr könnt mich alle…!«

Mein Rezept

Ich gestehe mir meine Angst ein, finde ihre Ursachen heraus, bekämpfe sie mit dem Instrument der mentalen Fertigkeiten, das mir inzwischen vertraut ist. Ich

- Wenn du ein Mensch bist, der insgesamt wenig Selbstbewußtsein hat, der sich in kaum einem Bereich etwas zutraut, deine Ängstlichkeit also nicht in erster Linie mit deinem Sport zu tun hat, so mußt du grundsätzlich daran arbeiten, dich positiver zu sehen. Mag sein, es gelingt dir nicht ganz! Aber du kannst lernen, einzelne Leistungen positiver zu beurteilen, dir bewußt zu machen, daß du etwas geschafft hast. Schön wär's, wenn dir kleine Erfolge beim Reiten dabei grundsätzlich weiterhelfen würden!

- Verwechsle Angst jedoch nicht mit »Lampenfieber«, der normalen Aufregung vor einem Auftritt, einem Wettbewerb. Dieses Lampenfieber kann durchaus nützlich sein, dich zur Leistung stimulieren und legt sich normalerweise, sobald du einige Sekunden lang auf dem Viereck oder im Parcours bist. Du hast inzwischen auch die mentalen Fertigkeiten ausprobiert, die es dir ermöglichen, diese Aufregung zu steuern, also zu bremsen oder »Gas zu geben«. Du hast dich und deine Reaktionen da-

Wenn alle Voraussetzungen stimmen, gibt es keinen vernünftigen, realistischen Grund, Angst zu haben.

durch kennen und steuern gelernt. Und du weißt, daß es ganz ohne den inneren »Kick« nicht zu Bestleistungen kommt. Wieder weißt nur du allein, was gut und was schädlich ist.

Ich weiß

Aufregung kann positiv sein, wenn ich sie im Griff habe. Für besondere Leistungen brauche ich sie sogar.

Oder bist du vielleicht überängstlich? Alle Voraussetzungen stimmen, deine Vorbereitung und dein Handwerkszeug sind optimal (dazu gehört im Gelände und beim Springen auch die feste Sturzkappe!), du überschätzt weder deine Möglichkeiten noch die deines Pferdes, du reitest unter der fachlichen Aufsicht deines Lehrers – kurz: Es gibt keinen vernünftigen, realistischen Grund, Angst zu haben.

• Du hast aber trotzdem noch Angst! Dann mußt du dein Selbstbewußtsein stärken, dich positiv einstimmen. Sag dir mit Nachdruck: »Ich kann das, ich riskiere doch gar nichts.« Sag dir auch: »Mein Pferd spürt meine Angst, das allein ist eine zusätzliche Gefahrenquelle. Ich reite jetzt so, als ob ich keine Angst hätte.« Stell dir die gesamte Situation (z.B. einen Sprung) so konkret wie möglich (aber ohne Übertreibung!) mental vor. Du kannst dir Gefahren, die gar nicht vorhanden sind, auch einreden! Gib dir einen Ruck: Zwing dich dazu, Angstgefühle und Selbstzweifel über Bord zu werfen – und reite. Die Entspannungs- und Konzentrationsübungen werden dir dabei eine Hilfe sein. Stimme dich etwas aggressiv ein, und überwinde deine Angst durch Aktivität.

Vorsatz

Das bißchen Mut bringe ich auf, weil alle Voraussetzungen stimmen! Ich bin gut genug. Ich habe trainiert und habe gelernt, mich mental vorzubereiten. Ich kann mir die Situation ganz konkret und realistisch beliebig oft vorstellen. Es wäre doch gelacht, wenn ich's nicht schaffe!

2.2. Falltraining
von Diplomsportlehrer Klaus Chmiel

Du hast soeben erfahren, wie du mit Angst umgehen solltest, wann du auf ihre Stimme hören und wann du sie überwinden, besiegen mußt.
Auch die Angst vor dem Herunterfallen ist eine ganz natürliche Sache. Du und dein Lehrer können viel dafür tun, um einen Sturz zu verhindern bzw. das Risiko dabei so gering wie möglich zu halten. Die wichtigsten Faktoren seien hier zusammengefaßt:
• Berücksichtigung der von der LPO vorgegebenen Schutzbestimmungen (u.a. sturzsichere Kappe) (LPO = Leistungsprüfungsordnung der Deutschen Reiterlichen Vereinigung, Warendorf),
• ein gut ausgebildetes, charakterlich geeignetes Pferd,
• Kenntnisse im richtigen Umgang mit dem Pferd,
• Selbstdisziplin und Umsicht bei jeder Beschäftigung mit Pferden, Vermeidung von Leichtsinn und Selbstüberschätzung!
• körperliche Fitneß (wie für jede andere Sportart auch),
• mentales (psychisches) Einstimmen auf die jeweilige Situation.
Die beiden Übungen, die Thema dieses Kapitels sind, wurden bisher leider noch viel zuwenig berücksichtigt. Es handelt sich um:
a) das *Warmmachen der Muskulatur* unmittelbar vor dem Aufsitzen – eine vorbereitende Maßnahme, die in anderen Sportarten selbstverständlich ist,
b) *Fallübungen*, die es dir ermöglichen, dich bei einem Sturz reaktionsschnell vom Pferd zu trennen und dich dann blitzschnell abzurollen.

fachkundige Hilfestellung aus, am besten unter Aufsicht eines geprüften Sportlehrers.
– <u>Rolle vorwärts</u> – aus dem Hockstand in den Hockstand.
<u>Beachte:</u> Hände parallel und schulterbreit aufsetzen, die Finger zeigen nach vorn, Gewicht gleichmäßig auf beide Hände verlagern. Nacken und Schulterblätter (nicht den Kopf) aufsetzen, den Kopf extrem auf die Brust nehmen. Es folgen: Rolle vorwärts aus dem Angehen – Rolle vorwärts aus dem Anlaufen.
– <u>Flugrolle:</u> aus der Hocke über zwei Linien über eine Gummischnur. Flugrolle aus dem Stand – aus dem Angehen – aus dem Anlaufen.
<u>Beachte:</u> Der Absprung muß kräftig erfolgen – die Hände erst parallel aufsetzen, wenn die Füße den Boden verlassen haben. Anfangs nie ohne Helfer üben, der am Boden kniet und den Nacken unterstützt!
– <u>Rolle vorwärts aus dem Stand</u>, rechts und links in Seitenlage.
Bei diesem Bewegungsablauf entsteht durch das seitliche Abrollen ein diagonaler Bodenkontakt. Wir unterscheiden *5 Phasen*:

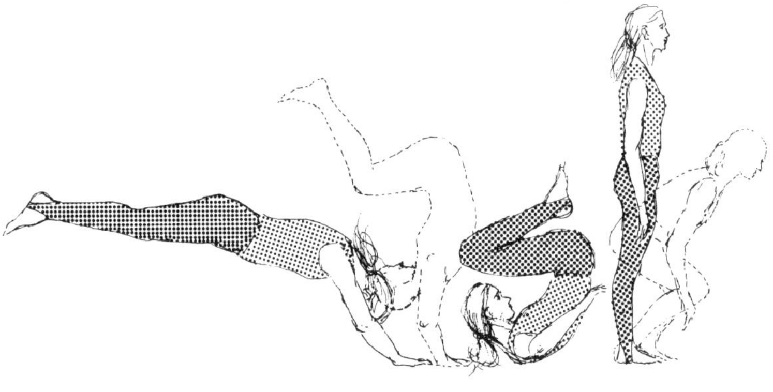

Phase 1: Mit dem rechten Bein einen Schritt nach vorn machen.

Phase 2: Den Oberkörper vorwärts-abwärts neigen, die linke Hand auf den Boden aufstützen (dabei ist der Stützkontakt der Hand auf derselben Höhe wie das vordere Bein), so daß die Füße und die aufgestützte Hand ein rechtwinkliges Dreieck bilden.

Phase 3: Die rechte Hand hängt senkrecht unter dem Körperschwerpunkt, der Blick geht in Richtung des linken Oberarms.

Phase 4: Durch ein leichtes Abdrücken aus beiden Füßen heraus wird die Rollbewegung eingeleitet. Die Bewegung läuft über die Hand, den Unter- und Oberarm und die Schulter diagonal über den Rücken in Richtung Gesäß. Am Ende der gesamten Rollbewegung liegst du auf der linken Körperhälfte und fängst den Schwung ab (dasselbe gilt umgekehrt, wenn du zuerst den linken Fuß vorstellst).

Phase 5: Der Aufprall des Körpers kann noch besser abgefangen werden, wenn du einfach bis zum Stand weiterrollst.

Vielleicht klingt das beim Lesen alles recht schwierig. In der Praxis und unter fachkundiger Anleitung geübt, wird dir dieses Falltraining gewiß einleuchten. Wichtig ist, daß du weißt, was du dafür tun kannst, um besser vom Pferd zu fallen oder dich rasch von ihm zu trennen, wenn es einmal nötig ist. Besser ist es, du beherrschst eine Rolle als gar keine Technik des Abrollens!

Für den Ernstfall merke dir in Kurzform:

Schnell vom Pferd lösen, Bügel loslassen, sich fliegen lassen, dabei den Rücken rund machen (Kinn an die Brust), abrollen.

3. Die Anfänge

3.1. Auswahl des Reitbetriebs

Du hast dich entschlossen, reiten zu lernen und erfüllst dir damit vielleicht einen langjährigen Traum.
- Zuallererst gilt es nun, sich nach einem geeigneten Reitbetrieb umzusehen. Scheue dabei weder Zeit noch Mühe. Denn von deiner Wahl hängt es schließlich ab, ob deine Erwartungen erfüllt, vielleicht sogar übertroffen werden oder in Verärgerung und Enttäuschung enden.
- Da du erst anfangen willst zu reiten, kommt der Kauf eines eigenen Pferdes noch nicht in Frage (dafür solltest du schon etwa 100 Reitstunden absolviert haben!). Deine Auswahl ist also von vornherein eingeschränkt auf Betriebe, die Schul- oder Verleihpferde besitzen und Anfängerunterricht anbieten. (Vgl. P. und W. Hölzel, *Das eigene Pferd*)
- Sieh dir vor deiner Entscheidung möglichst viele Reitbetriebe genau an, laß dir schriftliche Unterlagen geben und erkundige dich beim Personal und bei den Reitern nach all den Einzelheiten, die dich besonders interessieren. Sammle Vergleichsmaterial und überlaß so wenig wie möglich dem Zufall!
- Natürlich interessieren dich nicht zuletzt die *Kosten*: Wie teuer sind Einzel- und Gruppenstunden? Werden eine Aufnahmegebühr, ein Vereinsbeitrag, ein Pflegergeld usw. erhoben?
- Nicht unwichtig ist zudem die *Entfernung* zwischen deiner Wohnung oder deinem Arbeitsplatz und dem Reitbetrieb. Du mußt ja auch dafür Kosten und Zeit einplanen. Allerdings kann es sich durchaus lohnen, eine etwas längere Strecke in Kauf zu nehmen, wenn dir ein entfernter gelegener Betrieb eindeutig besser gefällt als der Reitstall in nächster Nähe.

Lohnt sich eine größere Entfernung zu einem Reitstall, der mir besser gefällt? *Überlegung*

- Sieh dir die *Anlage* gründlich an. Sind Reithalle und offener Platz in

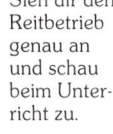

Sieh dir den Reitbetrieb genau an und schau beim Unterricht zu.

gepflegtem Zustand? Wenn du vor allem davon träumst, später einmal ins Gelände zu reiten, solltest du nicht vergessen, nach den Ausreitmöglichkeiten zu fragen.

• Laß dir auch die *Stallungen* zeigen. Aber geh nicht einfach auf eigene Faust hinein, das ist mit Recht verpönt! Bitte vorher um Erlaubnis. Du achtest bei der Besichtigung darauf, ob die Pferde in einem guten Futter- und Pflegezustand sind, Kontakte zu Artgenossen und zur Außenwelt haben, in Boxen (und nicht in

Wenn du davon träumst, ins Gelände zu reiten, erkundige dich nach den Möglichkeiten!

Laß dir auch die Stallungen zeigen und achte auf den Futter- und Pflegezustand der Pferde.

Ideal sind Außenboxen mit Kontakt zu Artgenossen.

Ständern!) stehen und ob der Stall luftig, hell, trocken und mit frischer Einstreu versorgt ist.

• Erkundige dich auch nach dem *Personal*. Steht ein qualifizierter (FN-geprüfter) Reitlehrer zur Verfügung

Sehr wichtig ist qualifizierter theoretischer Unterricht.

und erteilt er auch Anfängerunterricht, oder überläßt er das ausschließlich den Lehrlingen oder einem »erfahrenen« Schüler?
- Sieh, so oft du kannst, beim *Reitunterricht* zu. Blättere in diesem Buch. Du wirst darin Anhaltspunkte dafür finden, wie ein guter, effektiver Unterricht sein sollte.
- Frage nach, ob und in welchem Ausmaß *theoretischer Unterricht* gegeben wird.
- Achte darauf, ob dir der Ton in der Reitbahn und außerhalb zusagt.
- Vielleicht interessiert es dich auch, welche *Gesellschaftsschichten* vor allem vertreten und erwünscht sind? Magst du's lieber locker-salopp oder eher formell?
- Auch die *Altersgruppen*, die im Reitbetrieb vorherrschen, können bei deiner Entscheidung eine Rolle spielen. Nicht jeder Erwachsene fühlt sich wohl, wenn die übrigen Reiter hauptsächlich Kinder und Jugendliche sind. Und nur wenige Jugendliche finden wohl Geschmack daran, dauernd in Gesellschaft älterer Herrschaften zu reiten!
- Bist du interessiert an *Veranstaltungen* wie Geländeritten, Jagden, Reiterabzeichen, internen Wettkämpfen, Turnierbesuchen, Reiterbällen und anderen gesellschaftlichen Ereignissen? Erkundige dich danach!
- Werde dir vor allem klar über deine eigenen, *individuellen Bedürfnisse*. Es ist ja bestimmt keine Schande, wenn diese nicht ausschließlich sportlich oder leistungsorientiert sind. Es ist im Gegenteil durchaus legitim, wenn du über die Reiterei auch den Kontakt mit netten Pferdeleuten suchst, unter denen du dich wohlfühlst.
- Habe den Mut, dich so häufig wie möglich durch Gespräche – mit dem Reitlehrer, dem übrigen Personal, den Reitern – zu informieren.

Vorsatz

Möglichst viel Information einholen! Das schützt mich vor Enttäuschungen und finanziellen Verlusten.

3.2 Erste Kontakte mit dem Pferd

- Du hast deinen Reitbetrieb gefunden und dich für die erste Stunde angemeldet. Du kannst nun die Zeit bis dahin nutzen, um mit dem Pferd vertraut zu werden. Das gilt besonders dann, wenn du nicht auf dem Land aufgewachsen bist, sondern als Stadtmensch nie zuvor Kontakt mit Pferden hattest.
- Vielleicht flößen dir diese großen Tiere allzu viel Respekt ein, du hast im Grunde Angst vor ihnen. Oder: Du gehst einfach unbefangen, forsch und kühn auf sie zu.
- Beide Verhaltensweisen, Ängstlichkeit und übertriebene Forschheit, beruhen auf deinem Mangel an Kenntnissen und sind unsachmäßig, ja gefährlich.
- Das Pferd ist ja kein »Sportgerät« wie Skier oder Tennisschläger. Es ist ein Lebewesen mit seinem angeborenen Verhalten, seinen Bedürfnissen und artgemäßen Reaktionen, die du kennenlernen mußt, um selbst richtig darauf zu reagieren.
- Du kannst natürlich gute Bücher über das Wesen des Pferdes und den Umgang mit ihm in die Hand nehmen. Du tust das auch bestimmt, wenn dein Interesse und die Vorfreude groß genug sind. (Du wirst verstehen, daß wir dir eigene Bücher für diese Einführung empfehlen: *Der Reiter-Paß, Das Reiterabzeichen, Das eigene Pferd*)
- Wichtig ist jedoch, daß du dein so erworbenes Wissen in der Praxis erprobst und festigst.
- Nutze die Möglichkeiten, dich im Stall und außerhalb mit Pferden zu beschäftigen. Das heißt nun keinesfalls, daß du dem Personal bei der Arbeit im Wege stehst oder die Leute dann mit Fragen bestürmst, wenn sie gerade alle Hände voll zu tun haben!

- Aber: Du kannst intensiv beobachten. Und du wirst bestimmt nicht auf taube Ohren stoßen, wenn du im geeigneten Moment höflich darum bittest, dir einmal zu zeigen, wie man ein Pferd putzt. Jeder wirkliche Reiter muß in der Lage sein, sein Pferd selbst zu putzen und zu versorgen. Du hast dabei zugleich eine schöne Gelegenheit, deinen Sportpartner intensiv kennen- und richtig behandeln zu lernen.
- Eventuell läßt man dich auch beim Füttern oder Ausmisten helfen, oder jemand vertraut dir sein (ruhiges!) Pferd an, um es grasen zu lassen oder auf dem Hof noch ein wenig trockenzuführen. All diese Tätigkeiten tragen dazu bei, daß du dich an den Umgang mit Pferden gewöhnst und sie besser einschätzen lernst.
- In einigen Reitställen ist es üblich, daß der Schüler sein Pferd fertig gesattelt und getrenst vorfindet. Das ist ein Service am Kunden, den vielbeschäftigte Leute auch gern in Anspruch nehmen. Wenn du Anfänger bist, bitte darum, daß man dir gelegentlich zeigt, wie man fachgerecht Sattel und Trense anlegt und auch anpaßt. Du wirst diese Fertigkeiten später bestimmt einmal gebrauchen können. Außerdem macht es dir sicher Spaß, und du hast wieder eine Möglichkeit, wichtige Handgriffe am Pferd auszuführen.
- Das klingt vielleicht alles sehr zeitaufwendig, muß es jedoch nicht sein.

Nutze die Möglichkeiten, dich im Stall und außerhalb mit Pferden zu beschäftigen, etwa beim Füttern…

… oder beim Ausmisten.

Es geht um 20 Minuten, vielleicht eine halbe Stunde zusätzlich für eine Beschäftigung mit dem Pferd, die sich lohnt. Du kannst es berühren, beobachten, mit ihm sprechen, eini-

Jeder Reiter muß in der Lage sein, sein Pferd selbst zu putzen.

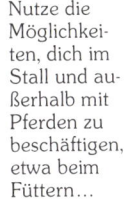

Nutze alle Möglichkeiten, dich mit dem
Pferd zu beschäftigen, es kennenzulernen.

Keine Angst vor großen Tieren!

ge Tätigkeiten ausführen – kurz: es kennenlernen.
- Du wirst bald spüren, wie wichtig dieser Kontakt für dich ist, wie mit wachsender Vertrautheit Hemmungen und Unsicherheiten abgebaut werden, alles selbstverständlicher und sicherer wird.
- Die zahlreichen Reiterabzeichen (vom Kleinen Hufeisen bis zu den Reiterabzeichen in Bronze und Silber) stellen von 1994 an das Prüfungsthema »Umgang mit dem Pferd« stärker als bisher in den Vordergrund. (Anm.: Vgl. W. Hölzel, *Das Reiterabzeichen*). Das ist sinnvoll und gut so! Auch du möchtest vielleicht später einmal ein solches Abzeichen erwerben, das eine schöne Erfolgsbestätigung ist. Wichtiger noch: Je sicherer du dich im Umgang mit Pferden fühlst, desto mehr Freude wirst du an deinem Sport haben.

Grundlage für meinen Sport ist, daß ich mich im Umgang mit dem Pferd wirklich auskenne.

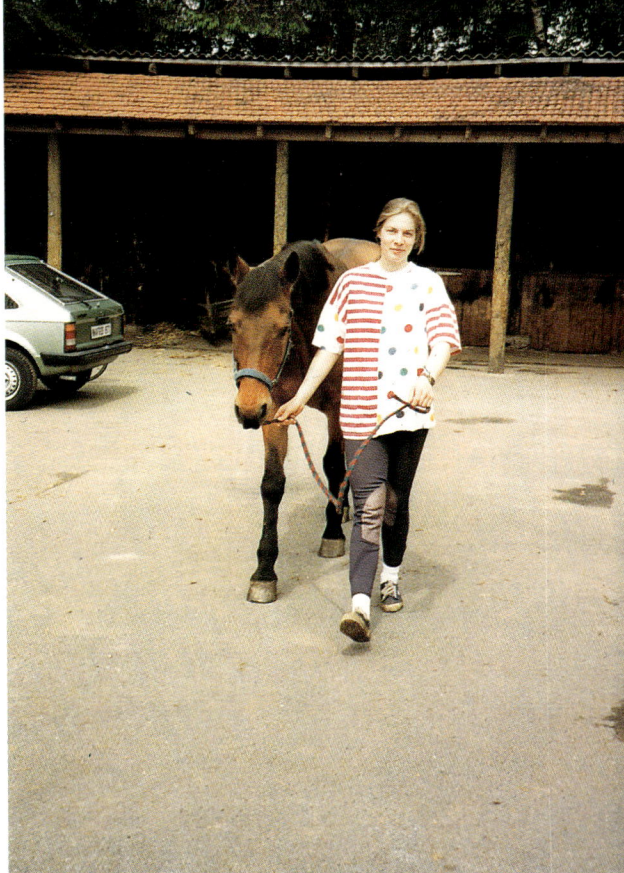

3.3. Führen

Auch das Führen des Pferdes gehört zu den Grundfertigkeiten. Es wird dir normalerweise vor der ersten Stunde vom Reitlehrer oder einem erfahrenen Reiter erklärt und gezeigt. Du kannst jedoch selbst etwas dafür tun, damit du auf die Einzelheiten vorbereitet bist, den Vorgang genau verstehst und dich nicht beim ersten praktischen Versuch überfordert fühlst.
- Dein Pferd ist bereits gesattelt und getrenst. Du stellst dich auf die linke Seite des Pferdes, nimmst zuerst die Zügel vom Hals, faßt sie mit der rechten Hand dicht hinter den Trensenringen und nimmst die Zügelenden in die linke Hand. Du stellst dich hinter das Auge des Pferdes.
- Die Bügel müssen hochgeschoben, evtl. angebrachte Ausbinder unbedingt hochgeschnallt sein.
- Du achtest beim Anführen darauf, daß du in genau dieser Höhe bleibst. Zieh das Pferd nicht hinter dir her! Ermuntere es durch Zuspruch oder leichtes Zungenschnalzen zum Mitgehen. Aber sieh ihm nicht in die Augen! Die meisten Pferde bleiben prompt stehen, wenn du sie ansiehst. Außerdem ist es immer besser, wenn du mit nach vorne gerichtetem Blick auch kleine Hindernisse oder Gefahrenmomente rechtzeitig ausmachen kannst. Wenn dein Pferd zu sehr vorwärtsdrängt, beruhigst du es mit der Stimme und fängst es durch kurze Zügelanzüge auf, denen immer ein sofortiges Nachlassen folgt. Wenn ein anderer Reiter sein Pferd vor dir führt, mußt du streng darauf achten, daß der sog. Sicherheitsabstand (etwa eine Pferdelänge) gewahrt bleibt. Weder du noch dein Pferd dürfen in Reichweite der Hinterhufe des Vorderpferdes geraten.
- Sei dir auch darüber im klaren: Heftige Pferde gehören nicht an die

Jede Beschäftigung mit dem Pferd fördert das Verständnis und damit das Vertrauen!

du dich kräftig ab, schwingst es über die Kruppe (die es nicht berühren soll) und läßt dich weich in den Sattel gleiten – das ist wichtig, damit dein Pferd beim Aufplumpsen deines Ge-

Wenn du das Zügelaufnehmen an der Longe bereits gelernt hast, nimmst du nun die Zügel zum Anreiten auf.

wichts in seinem Rücken nicht erschrickt und wegläuft.
- Du nimmst mit dem rechten Fuß den rechten Bügel auf. Nimm anfangs ruhig Hand und Augen zu Hilfe, später klappt es ganz selbstverständlich und »blind«, das ist reine Übungssache.
- Nun ist es geschafft, du setzt dich aufrecht und in Normalhaltung (s. u.) in den Sattel. Wenn du das Zügelaufnehmen an der Longe bereits gelernt hast, nimmst du nun die Zügel zum Anreiten auf.
- Das klingt vielleicht am Anfang recht kompliziert. Du wirst aber bald feststellen, daß sich diese Bewegungen in der Praxis rasch einüben, bis sie schließlich ganz automatisch ablaufen. Mentales Training kann deinen Lernprozeß erleichtern und beschleunigen.
- Hilfreich ist es, wenn du dir zu Beginn vor allem die wesentlichen Schwerpunkte einprägst: Mit den Zügeln Verbindung halten, das Pferd

Es ist sehr wichtig, vor dem Absitzen zuerst beide Füße aus den Bügeln zu nehmen.

Du schwingst das rechte Bein über die Kruppe, ohne diese zu berühren.

Die Bügel werden hochgeschoben, der Sattelgurt wird gelockert.

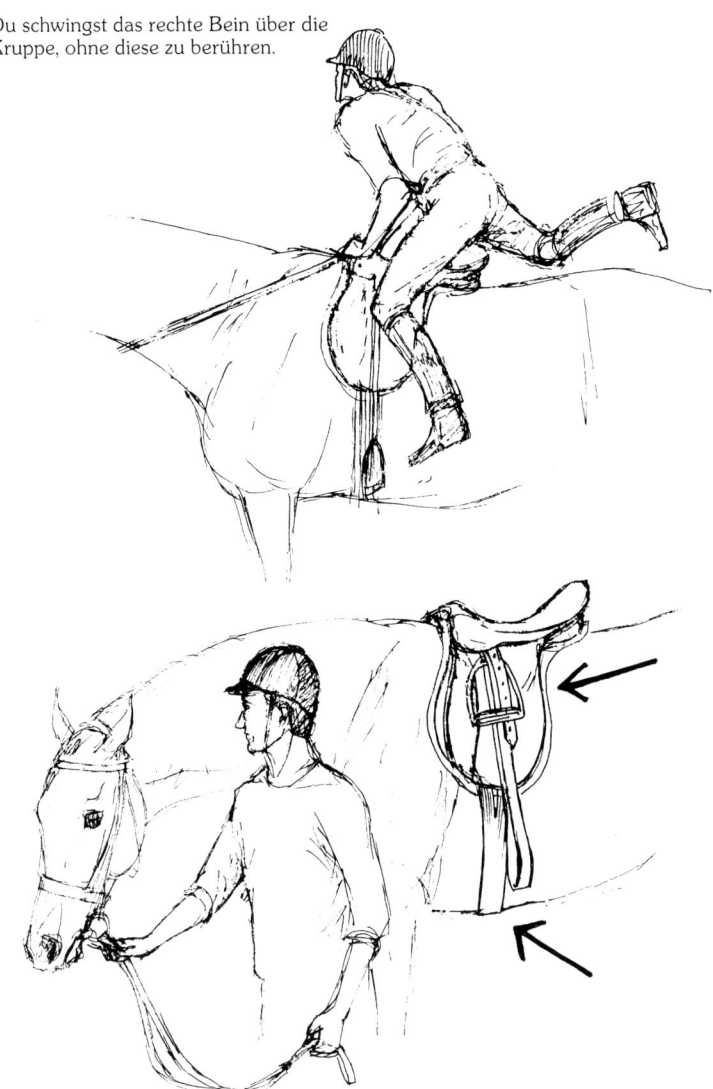

muß ruhig stehen – weich in den Sattel gleiten – sofort rechten Bügel aufnehmen.

• Vor dem *Absitzen* am Schluß der Stunde nimmst du zuerst beide Füße aus den Bügeln. Das ist sehr wichtig, weil du sonst mit dem linken Fuß im Bügel festhängst, falls dein Pferd erschrickt, wegläuft oder zur Seite springt! Das kann böse Unfälle zur Folge haben.

• Du stützt die Hände über der Sattelkammer (Vorderzwiesel) auf, schwingst das rechte Bein über die Kruppe, ohne diese zu berühren, und

läßt dich, weich in den Knien abfedernd, nach links heruntergleiten: weich, weil du dir bei einem zu harten Aufsetzen recht weh tun könntest.

• Zuletzt schnallst du Ausbinder, falls vorhanden, aus und hoch, schiebst die Bügel nach oben, lokkerst den Sattelgurt und stellst dich zum Führen neben dem Pferd auf.

• Merke dir auch hier vor allem die Hauptpunkte: Beide Bügel loslassen – weich auf dem Boden aufsetzen, Bügel hochschieben und Gurt lokkern.

4. Reiterliche Grundlagen

4.1. Darstellung, Lern- und Lehrmethoden

Die Kapitel über reiterliche Grundlagen behandeln folgende Schwerpunkte: Lernziel, Lernmethode, Schwierigkeiten, die trotzdem auftreten können, Anregungen für den Lehrer, Erfahrungswerte und Beispiele aus der eigenen Praxis.

1. Lernziel

Wir zeigen dir mit Worten und Bildern, *was* du lernen kannst, z.B. wie die Vorhandwendung aussieht, und was du tun mußt, um sie reiten zu können, oder welche Hilfen du beispielsweise zum Anreiten oder Antraben geben mußt. Dieses »Was« entspricht den Grundsätzen der klassischen Reitlehre.

2. Lernmethode

Du erfährst dann, *wie* du lernen und auf welche Weise du dir das Lernen durch mentale Fertigkeiten erleichtern kannst: durch Körpergefühl, Bewegungsvorstellung und Selbstgespräch. Diese Methode ist neu und vor allem effektiver als herkömmliche Methoden.
Entspannung, Konzentration und positive Einstellung sind für jedes Bewegungslernen notwendig. Wenn du Schwierigkeiten damit hast, kannst du entsprechende Übungen ausführen (s.o.). Diese Fertigkeiten bleiben für alle Übungen gleich und werden im folgenden nur noch bei Besonderheiten angesprochen.
Bei allen zu lernenden reiterlichen Fertigkeiten gilt: Was du lernen willst, mußt du sehen – in der Reitbahn, auf Bildern, im Fernsehen oder auf Videofilmen. Anhand von guten Beispielen mußt du einen Bewegungsablauf so oft sehen, bis du dir ganz genau vorstellen kannst, was du lernen willst.

Ich versetze mich mental in das Gesehene hinein, stelle es mir genau vor.

Spezielle Tips zur Lernerleichterung
Wir sagen dir auch, worauf du bei den entsprechenden Übungen besonders achten mußt, um dir das richtige Lernen zu erleichtern, z.B. daß du Angaloppieren am besten durch das Sitzen im Galopp lernst. Ein weiteres Beispiel für einen speziellen Tip ist, daß du deinen Lehrer in einer Einzelstunde etwa darum bittest, dir eine neu zu lernende Übung auf »deinem« Schulpferd vorzureiten und es dabei auf richtige Hilfen hin abzustimmen.

3. Schwierigkeiten, die trotzdem auftreten können

Hier erfährst du, was du tun kannst, wenn's nicht klappt, obwohl du versucht hast, alles so zu machen, wie wir es dargestellt haben.

Grundsätzliche Fragestellungen, wenn es nicht klappt
Frag dich, ob folgende Voraussetzungen stimmen:
– Bist du reiterlich, unter fachlicher Anleitung, genügend gefördert, um die betreffende Übung reiten zu können? (Bestätigung durch deinen Lehrer)
– Entspricht dein Pferd den gestellten Anforderungen, oder ist es momentan, etwa durch starke Umweltreize, sehr abgelenkt?
– Ist dein Pferd im Vergleich zu sonst temperamentmäßig normal, oder ist es, z.B. durch einen Stehtag zuvor, ungewöhnlich übermütig?
– Ist deine Lernfähigkeit so intakt wie sonst – also nicht gemindert,

etwa durch geistige Überanstrengung oder nervliche Überreizung?
- Bist du körperlich fit, also nicht krank oder geschwächt?
- Ist dir dein Lehrer sympathisch oder vielleicht durch seine Schreierei oder persönlichen Beschimpfungen unsympathisch? Dann solltest du daran denken, ihn möglichst bald zu wechseln!
- Hast du normale Witterungsbedingungen, oder ist es z.B. extrem kalt oder heiß?
- Stimmt deine Ausrüstung, oder spannt etwa die Reithose über dem Knie?

Wenn alle Voraussetzungen stimmen, solltest du deine *mentalen Fertigkeiten* überprüfen und ggf. verbessern. Frage dich:
- Bin ich verkrampft oder ängstlich? – Greife zurück auf die dir bekannten Entspannungsübungen.
- Ist mein Körpergefühl in Ordnung? – Spiele die Übungen noch einmal durch (du brauchst kein Pferd dafür!).
- Ist die Bewegungsvorstellung, die ich mir von der betreffenden Übung gebildet habe, genau und abrufbar? – Bitte deinen Lehrer darum, sie zu überprüfen.
- Hapert es am Konzentrationsvermögen? – Du kannst dies jederzeit üben und verbessern.
- Traust du dir die Aufgabe nicht zu, sagst du dir »Ich kann das nicht«? Bist du verzagt und ängstlich? Oder fühlst du dich durch andere verunsichert, die immer alles besser wissen oder gar über deine Versuche lächeln? – Erinnere dich daran, daß du geübt hast, *positiv zu denken* und dein Selbstbewußtsein zu stärken. Wiederhole diese mentalen Übungen.
- Hast du alle dir bekannten Möglichkeiten des Selbstgesprächs genutzt? – Probiere sie noch einmal durch.

Natürlich kann es auch am Pferd liegen, das vielleicht abgestumpft, nicht fein genug abgestimmt ist. Dann solltest du deinen Lehrer darum bitten, es nachzureiten und dich anschließend das richtige Gefühl nachempfinden zu lassen.

Oft erübrigt sich das, wenn du alle anderen Möglichkeiten durchgespielt und ausprobiert hast. Du wirst feststellen, daß deine Schwierigkeiten viel seltener am Pferd liegen und viel wirkungsvoller durch dich selbst zu beheben sind, als du glaubst.

4. Anregungen für den Lehrer

Zuletzt wenden wir uns an den Lehrer. An seine Adresse ist ein etwas längerer Text gerichtet. Gerade er sollte die Möglichkeit haben, eine Methode kennenzulernen und anzuwenden, die für ihn und seine Schüler große Vorteile bringt. Vor allem der Anfänger braucht bei der Einübung und Anwendung des mentalen Trainings die fachkundige Unterstützung durch einen guten Lehrer. Wenn du aufgeschlossen und lernbereit bist, wirst du in diesem Buch zahlreiche Anregungen finden, die den Unterricht nicht nur für deine Schüler, sondern auch für dich interessanter und gewinnbringender machen. Du wirst erleben, daß deine Kunden mit mehr Zufriedenheit und Freude auf deine neuen Ansätze reagieren.

Einige grundsätzliche Erfahrungswerte und Tips im voraus:

Erklärungen und Korrekturen
• Kontrolliere, was und wieviel du im praktischen Unterricht redest (wir reden meist viel zuviel!). Versuche, wirklich nur das zu sagen, was den Reiter weiterbringt. Was dir der Schüler auf deine Nachfrage selbst sagen kann, was er also bereits weiß, mußt du ihm nicht erzählen! Es ist nicht nur überflüssig, sondern stört ihn auch bei seiner Konzentration auf sich selbst und sein Pferd.
• Auch übermäßige Lautstärke ist unnötig und irritierend! Sprich nur

Versuche, wirklich nur das zu sagen, was den Reiter weiterbringt.

Für längere Erklärungen bittest du den Schüler zu dir und machst ihm im Halten klar, was du von ihm willst.

86

Eine Gruppe läßt du für Besprechungen am besten im Halbkreis um dich anhalten.

so laut, daß der betreffende Schüler dich verstehen kann.
• Für Besprechungen und längere Erklärungen bittest du den oder die Schüler zu dir, machst ihm bzw. ihnen also im Halten klar, was du willst.

Die meisten sind einfach überfordert, wenn sie zugleich reiten und langen Ausführungen zuhören sollen. Du verpuffst dabei nur völlig unnötig deine Energie.
• Komm auf jede Korrektur, die du gegeben hast, wieder zurück. Sag dem Schüler, ob es danach besser oder richtig war. Laß die Übung wiederholen, bis du ihn wenigstens mit einem kleinen Erfolgsgefühl (»Das

Laß die Übung wiederholen, bis du den Schüler wenigstens mit einem kleinen Erfolgsgefühl entlassen kannst!

87

war besser!«) entlassen kannst! (Feed-back!)
- Sage dem Reiter, was er machen soll, und nicht, was er nicht tun darf. Vermeide negative Formulierungen wie »Zieh den Absatz nicht hoch, laß den Kopf nicht hängen« usw. Laß ihn neben dir anhalten und frage nur: »Spürst du dein Fußgelenk, deine Kopfhaltung?« Ganz sinnlos ist die Aufforderung »Verkrampfe dich nicht« – der Schüler wird sich danach eher mehr als weniger verkrampfen!
- Versuche, weniger mit Korrekturen und Wertungen zu arbeiten. Laß den Schüler das, was er tun soll, empfinden (s.u.). Dadurch vermeidest du die negativen, blockierenden Auswirkungen der Selbstbeschimpfung (»Jetzt hab' ich das schon wieder falsch gemacht. Ich bin halt blöd, ich lern's nie!«). Eine solche Reaktion führt nur zur Verunsicherung und verhindert das gesunde Selbstwertgefühl, ohne das Lernen und Leistung nicht möglich sind.

Sage dem Reiter, was er machen soll!

Laß den Schüler verschiedene Körperpartien empfinden.

Durch mentale Wiederholung werden Gefühlsmomente zu bleibenden, stets wieder abrufbaren Gefühlsmustern.

- Vermittle Gefühleindrücke.
- Laß den Schüler ausdrücken, was er empfindet. Nur so kannst du auch kontrollieren, inwieweit das Gelernte wirklich verarbeitet und gefestigt ist.
- Anstatt die üblichen Korrekturen zu geben, forderst du den Schüler auf, die entsprechenden Körperteile zu spüren.
- Um dazu in der Lage zu sein, muß er lernen, Gefühleindrücke bewußt zu erfahren, sich einzuprägen und wieder zu verwerten.
- Du vermittelst ihm diese Fertigkeiten durch fachgerechtes, methodisches Vorgehen und die Bestätigung von positiven Ergebnissen (durch Lob!): Du teilst ihm sofort mit, wenn Sitz, Einwirkungen, Gang und Haltung oder Sprünge des Pferdes gut waren.
- Du forderst den Schüler auf, sich das Gefühl einzuprägen, das er emp-

funden hat, als z.B. sein Pferd gleichmäßig gebogen, gelöst oder am Zügel ging.
- Durch mentale Wiederholung werden diese Gefühlsmomente zu bleibenden, stets wieder abrufbaren Gefühlsmustern. Du verfestigst sie, indem du den Schüler aufforderst: »Stell dir das Gefühl, das du soeben hattest, ganz genau vor, so als ob du gerade reiten würdest.« Du läßt ihn dafür anhalten und die Augen schließen – wenn es ihm dabei besser gelingt.
- Bei der praktischen Wiederholung soll er dieses in der Vorstellung erreichte Gefühl wieder erfahren. Du läßt dir sagen, ob dies der Fall war, und vergleichst seine Aussage mit der realen Ausführung. Stimmt das Gefühl nicht, so läßt du den gesamten Vorgang in Kurzform wiederholen.
- Sobald die erworbenen Gefühlseindrücke gefestigt sind, läßt du sie unter veränderten und schließlich erschwerten Bedingungen üben.
- Laß immer wieder neue oder verbesserungsbedürftige Übungen reiten, ohne sie zu kommentieren. Frage statt dessen den Schüler, was er empfunden hat.
- Bei hartnäckig falschen, automatisierten Bewegungsabläufen versuchst du gar nicht erst, diese selbst zu korrigieren. Baue statt dessen neue, richtige auf, ohne an die alten zu erinnern.

Verhältnis Lehrer – Schüler

- Der Schüler muß dir schon in seiner ersten Reitstunde versprechen, daß er sofort zurückfragen wird, wenn er etwas nicht ganz genau verstanden hat.
- Verständige dich mit dem Schüler in Kurzformeln, die nur für ihn und dich verständlich sein müssen, z.B. anstelle der Beschreibung einer Parade: »hin« (= Hintreiben zur stehenden Hand) – »leichter« (= Leichterwerden der Hände und der treibenden Hilfen) für eine Parade.
- Versuche, dich und den Schüler grundsätzlich positiv einzustellen, Mut zu machen. Sagt er dir z.B. »Auf dem Turnier kann ich einfach keine doppelte Schlangenlinie reiten«, so erwiderst du: »Das stimmt nicht. Du kannst die doppelte Schlangenlinie

Versuche, dem Schüler Mut zu machen: »Du kannst es zu Hause, also auch auf jedem anderen Platz der Welt!«

Dein Schüler soll kein passiver Befehlsempfänger, sondern aktiver Gesprächspartner sein.

zu Hause reiten – also kannst du das überall, auf jedem Platz der Welt!«
• Es ist häufig nötig, das Pferd eines Schülers zu reiten, um es wieder fein auf die Hilfen abzustimmen. Versuche, dabei ehrlich zu sein: Es ist eine gute Sache, wenn der Lehrer dem Schüler helfen will, aber sehr fragwürdig, wenn er sich dabei selbst nur produzieren möchte!
• Überdenke dein Verhältnis zum Schüler neu. Er soll ja kein passiver Befehlsempfänger sein, sondern aktiv mitarbeiten und immer mehr

lenbogen, Handgelenk, Hüftgelenk, Knie und Fußgelenk.

Aber: **Geschmeidigkeit vor korrekter Form!**

Beim Pferd ist der Rücken das Bewegungszentrum, beim Reiter ist es die Mittelpositur, die mit der Bewegung des Pferderückens nach vorne mitschwingt. Dadurch haftet dein Gesäß geschmeidig am Sattel. Falsch ist es, wenn die schwingende Bewegung sich sichtbar durch deine ganze Wirbelsäule fortsetzt und erst im Genick endet. Die Folge davon sind ein unruhiger Oberkörper und ein vorgeneigter, wackelnder Kopf.

Die Bewegung fängst du bei losgelassenem, geradebleibendem Oberkörper durch die mitschwingende Mittelpositur auf. Wenn du auf diese Weise ruhig und schmiegsam sitzt, erfüllst du die nötigen Voraussetzungen für eine richtige Hilfengebung. Und nur diese vermittelt dir später die Freude und das Erfolgsgefühl, die den Sport mit dem Partner Pferd auszeichnen.

2. Lernmethode

Was du schon vor der ersten Longenstunde üben kannst:

• <u>Mentale Fertigkeiten:</u> Du kannst alle sechs mentalen Fertigkeiten, wie oben beschrieben, so ausgiebig ohne Pferd einüben, daß dir ihre Anwendung auf dem Pferderücken relativ wenig Mühe machen wird. Lege dabei besonderen Wert auf die Übungen zur Entspannung, zum Körpergefühl und zur Bewegungsvorstellung.

• <u>Bildliche Vorstellung des korrekten und geschmeidigen Grundsitzes:</u> Wie bei allem, was du lernen willst, ist es wichtig, daß du dir vorher ein genaues Bild von dem machen kannst, was du anstrebst. Du prägst dir Bilder, bzw. Fotos eines gut sitzenden Reiters intensiv ein. Frage aber vorher einen erfahrenen Reiter, besser noch deinen zukünftigen Reitlehrer, ob das entsprechende Bild wirklich vorbildhaft ist. Versetze dich in Lage und Haltung aller Körperpartien hinein, versuche, die Einzelheiten nachzuempfinden. Hänge dir

Hänge dir dein »Vorbild« an die Wand.

dein »Vor-bild« an die Wand, an eine Stelle, die dir oft ins Auge fällt.
- Sieh dir Filme und Videos über gute Reiter an. Versuche, selbst »mitzureiten«, trainiere deine Bewegungsvorstellung. Achte besonders auf die Mittelpositur (sitzt der Reiter weich und geschmeidig?), die Hände (halten sie eine weiche, elastische Verbindung zum Pferdemaul?) und Beine (liegen sie ruhig und federnd am Pferdeleib?). Bitte fortgeschrittene Reiter darum, dich auf Wesentliches hinzuweisen.
- Sieh möglichst oft beim Unterricht zu. Achte auf die Korrekturen des Reitlehrers. Präge dir ein, was er lobt, und versuche, das Gesehene innerlich nachzuvollziehen.
- Wenn dein zukünftiger Reitlehrer Zeit hat, bitte ihn um Erklärungen und Antworten auf deine Fragen.
- Frage ihn auch, ob theoretischer Unterricht vor der ersten Reitstunde vorgesehen bzw. möglich ist.
- Sieh bei Anfängerstunden an der Longe zu. Achte auf die Anweisungen des Lehrers und versuche, sie in deiner Vorstellung nachzuvollziehen.
- Lies den Abschnitt über »Sitzschulung an der Longe« (siehe rechte Spalte) durch, damit du beurteilen kannst, wie guter Longenunterricht sein sollte.
- Sprich beim Longenunterricht deinen Lehrer auf die geschilderten Möglichkeiten an, trau dich zu fragen! Drück sprachlich aus, was du erfühlst und erfahren hast, und frag nach, ob das so richtig ist. Bitte ihn darum, dich in Schritt- oder Haltepausen darüber sprechen zu lassen und deine Vorstellung zu überprüfen. Hab auch den Mut zuzugeben, wenn du ängstlich bist – das ist keine Schande!
- Wichtig ist, daß du all das frühzeitig tust, bevor sich etwas Falsches unbewußt verfestigt hat. Wehre den Anfängen, weil es dann am leichtesten ist.

Nur Mut **Sprich deine Bedürfnisse, Fragen und auch Ängste aus!**

3. Anregungen für den Lehrer zur Sitzschulung an der Longe

- Du bietest vor der ersten Longenstunde *theoretischen Unterricht* an, in dem du anhand von Bild- und Filmmaterial den Grundsitz vorführst und auf die wichtigsten Punkte hinweist. Du forderst den Schüler auf, das Gesehene in seiner Vorstellungskraft nachzuvollziehen und Fragen zu stellen, wenn Unklarheiten bestehen.
- Bewährt hat sich, wenn der Schüler zuerst auf einem *Holzpferd* das Auf- und Absitzen und den richtigen Sitz üben kann.
- Du gibst ihm die Möglichkeit, bei einer Reitstunde zuzusehen, und forderst ihn auf, Fragen zu stellen.
- Wir gehen davon aus, daß mindestens die ersten fünf Stunden an der *Longe* stattfinden. Selbstverständlich sind dafür ein geeignetes, ruhiges Pferd ohne Stallübermut, eine passende Ausrüstung und ein Sattel, dessen tiefster Punkt in der Mitte liegt. Auch ohne Sattel mit einem Voltigiergurt werden bei Anfängern gute Erfolge erzielt.
- Der Longenunterricht beginnt mit *Übungen im Halten*. Der Schüler bekommt nun die Möglichkeit, die zuvor geübten mentalen Fertigkeiten auf dem Pferderücken zu wiederholen, zu festigen und zu verfeinern. Er fühlt noch einmal durch Anspannen und Entspannen seine wichtigsten Muskelpartien durch und spürt zum ersten Mal den Kontakt zum Pferdeleib. Bei den geringsten Anzeichen von Ängstlichkeit oder Unbehagen Entspannungsübungen einbauen!
- Das eigentliche Longieren beginnt im Schritt, ohne daß der Schüler die Zügel aufnimmt. Er darf sich dabei, je nach Bedarf und Eignung, am Sattel festhalten oder ihn loslassen. Wenn er sich verkrampft oder ängstlich zeigt, helfen wieder Entspannungsübungen.

- Viel Zeit lassen bei der *Sitzschulung im Schritt*! Vor allem bei Erwachsenen empfiehlt es sich, lange und intensiv Schritt reiten zu lassen: so lange, bis der Schüler jegliche Angst verloren hat und es ihm gelingt, sich in die Bewegung einzuschmiegen und sich auszubalancieren. Wie bei der Grundlagenarbeit mit jungen Pferden gilt auch hier die Erfahrung: »Laß dir am Anfang Zeit, du bekommst sie später doppelt und dreifach zurück!«
- Es ist ein weiterer Vorteil der mentalen Methode, daß auch ein ausgiebiges Schrittraining weder für den Lehrer noch den Schüler eintönig oder langweilig wird. Es gibt eine große Anzahl von Möglichkeiten, das Körpergefühl bewußt zu machen, in der Vorstellung mental zu festigen und zu kontrollieren. Über sein Körpergefühl erfährt der Schüler die Bewegung des Pferdes. Er erfährt z.B., wie seine Mittelpositur sich in die Bewegung des Pferderückens einschmiegt oder wie seine Beine vom Pferdeleib abwechselnd angezogen und weggedrückt werden.
- Der Lehrer fordert ihn jetzt auf zu sagen, was seine Beine tun, wenn sie locker am Pferd liegen. Er festigt dieses Gefühl durch mentale Wiederholung und hat damit schon die Grundlage für das richtige, taktmäßige Treiben im Schritt geschaffen, eine Fähigkeit, die häufig selbst fortgeschrittenen Reitern Schwierigkeiten macht!
- Die *Sitzschulung im Trab* erfolgt ebenso behutsam, unterbrochen durch häufige Schrittpausen, die Gelegenheit zu Entspannungs- und anderen mentalen Übungen bieten. Auch im Trab wird anfangs ohne Zügel longiert, der Schüler darf sich festhalten oder loslassen – wichtig ist nur, daß er sich wohlfühlt und locker bleibt. Zuerst lernt er das Leichttraben, erfühlt dann das geschmeidige Aussitzen, das anfangs nur über kurze Reprisen verlangt wird, vor allem nie so lange, bis der Schüler sich sichtbar anstrengt, verkrampft oder gar in Sitznot gerät! Ein häufiger Wechsel zwischen Leichttraben und Aussitzen fördert seine Losgelassenheit, damit die Sicherheit, und schult das Bewegungsgefühl.
- Auch *im Galopp* sind Angstfreiheit und Geschmeidigkeit erstes Gebot – mit und ohne Festhalten. Nie zu lange galoppieren lassen und auf keinen Fall länger, als es der Schüler will bzw. bewältigen kann!

Kleinste Anzeichen von Angst oder Unsicherheit wirklich ernst nehmen! Geh vorerst mit den Anforderungen herunter. Versuche, nichts zu erzwingen. *Wichtig*

- Das *Zügelaufnehmen* an der Longe ist der nächste Schritt, der erst

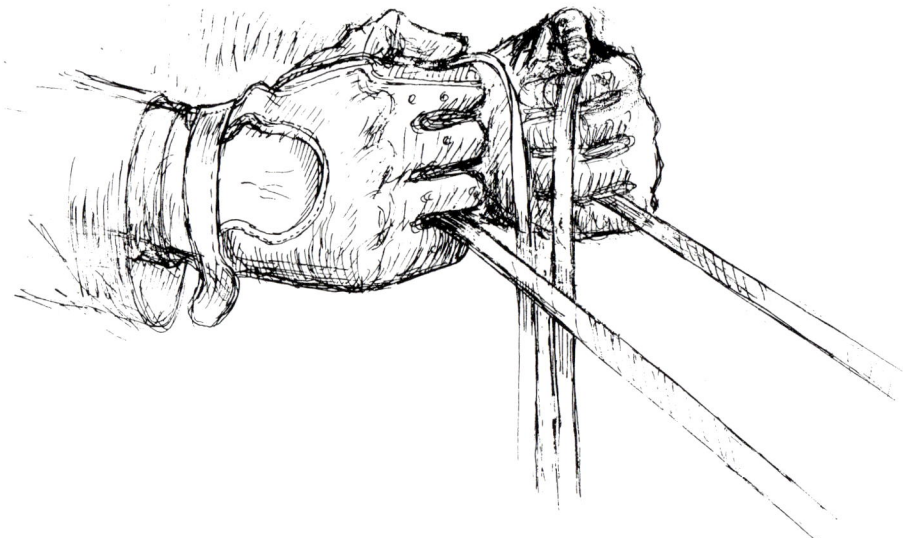

Aufgenommene Zügel

Du läßt den Schüler die Verbindung zum Pferdemaul im Halten fühlen. Das gilt nicht nur für den Anfänger, sondern auch für spätere Ausbildungsstadien.

Auch das Empfinden für die richtige Beinhaltung vermittelst du am besten über das Fühlenlassen.

dann sinnvoll ist, wenn der Schüler in seinem Sitz soweit gefestigt ist, daß er sich auf die – einigermaßen unabhängigen – Hände konzentrieren kann.

• Die *Verbindung zum Pferdemaul* wird wieder im Halten eingeübt. Du läßt den Schüler im Halten das Pferdemaul fühlen und unterstützt dies, indem du die Trensenringe in die

Hand nimmst und ihm dadurch die Verbindung spürbarer machst.
- Eine sehr wichtige Funktion hat die Schulung der Verbindung zum Pferdemaul im Schritt, die der Schüler intensiv erfahren und festigen sollte. Du fragst ihn: »Fühlst du die Nickbewegung? Laß sie zu, geh auf sie ein. Ja, so! Halt an und wiederhole das Gefühl, das du hattest. Hast du's? Dann reite noch mal genau so wie vorher.« Mit diesem Vorgehen bringst du ihm etwas bei, das manchem Fortgeschrittenen Mühe macht, weil er das Eingehen auf die natürliche Nickbewegung des Pferdes nicht schon zu Beginn gelernt hat. Die Konsequenz ist eine blockierende Hand, die den Schritt bis zum paßartigen Gehen verschlechtern kann.
- Lege in allen Grundgangarten besonderen Wert darauf, daß der Schüler die Bewegung erfühlt, seine Erfahrung in Worten beschreibt und geschmeidig, also locker und bequem, sitzt. Dabei erlernt er die Grundlagen für richtige Einwirkungen, ohne daß von diesen ausdrücklich die Rede ist.

Kernpunkt **Nur was du sprachlich ausdrücken kannst, läßt sich verändern und damit auch verbessern.**

- Unverzichtbar ist die *mentale Vor- und Nachbereitung ohne Pferd*. »Hausaufgaben« festigen und vertiefen den Lernerfolg und auch die Kontrolle darüber. Vor allem bei auftretenden Schwierigkeiten läßt du Entspannungsübungen durchführen.
- Das freie Reiten hinter einem sicheren Führpferd ist nach dem Training der mentalen Fertigkeiten und einer ausgiebigen und fachgerechten Longenschulung kein neuer Schritt, sondern die harmonische Fortführung des Erlernten.
- Die im folgenden beschriebenen Beispiele aus der eigenen Unterrichtspraxis wollen dir Mut machen, ebenfalls neue Möglichkeiten auszuprobieren.

4. Erfahrungswerte und Beispiele beim Versuch, Fehler abzustellen

Jeder Lehrer und jeder Schüler hat schon erfahren, wie wenig wirkungsvoll auch wiederholte Korrekturen sein können! Durch mentales Training wird bei weniger Aufwand mehr erzielt als durch herkömmliche Methoden.

Lehrer und Schüler kennen vermutlich folgende frustrierende, deprimierende Situation: Da reitet nun wieder Frau Meierstein und zieht jetzt schon im dritten Jahr die Hacken hoch. Nicht, daß sie es mit Absicht tut, nein, sie gibt sich ja solche Mühe, alles richtig zu machen, und ist selbst todunglücklich darüber, daß es nicht klappt!

Lehrer Gnadenreich hat sich nach seinem Ausbruch bei der letzten Einzelstunde fest vorgenommen, geduldig zu bleiben. »Absätze tief!« Frau Meierstein preßt die Absätze hinunter. »Ja, so ist es richtig!« Lehrer Gnadenreich starrt gebannt auf die Absätze von Frau Meierstein. Wie lange wird es dauern? Eine viertel oder gar eine halbe Runde, bis sie wieder oben sind? Und garantiert sind sie dann wieder oben!

Dieses eine Beispiel ließe sich beliebig um viele andere erweitern. Woran kann es liegen, daß die ernsthaften Bemühungen zweier erwachsener, intelligenter Menschen so ergebnislos bleiben?

Es sind vor allem zwei Gründe, die Lehrer und Schülerin zur Verzweiflung treiben.

Der eine: Die Schülerin, gleichsam »vorprogrammiert« in Erwartung des unabänderlichen Mißerfolgs, verkrampft sich.

Der andere: Sie kann aufgrund ihres mangelhaften Körpergefühls selbst gar nicht spüren, ob ihre Absätze oben oder unten sind, und erfährt dies erst wieder bei der nächsten Korrektur.

Auch das Gefühl für die richtige Fußhaltung schulst du durch Veränderung: Absatz oben...

Absatz zu tief...

... richtig.

In einem ganz ähnlichen Fall hat das Vorgehen nach der neuen Methode bei einer meiner Schülerinnen zu einem verblüffend raschen Erfolg geführt. Ich fragte zuerst: »Kannst du deine Fußgelenke spüren?« Nach einiger Zeit, und nachdem sie die Gelenke bewegt hatte, kam die Antwort: »Jetzt ja, aber nur das rechte.« Etwas später: »Jetzt auch das linke.« Indem ich die Schülerin auf ihr Körpergefühl verwies und es ihr somit selbst ermöglichte, die Haltung ihres Absatzes zu kontrollieren, war das Problem gelöst: Nach kürzester Zeit genügte es, wenn ich sagte: »Fühlst du deine Fußgelenke?« – und die Fußhaltung war in Ordnung.

Damit ist nicht gesagt, daß der Erfolg auf diese Weise immer garantiert ist. Oft habe ich die Erfahrung gemacht, daß es besser ist, nicht gleich auf die entsprechende Stelle hinzuweisen. Die Frage »Kannst du deine Fußgelenke spüren?« mag zu sehr an die alte Korrektur »Absatz tief«! erinnern und damit abwertend und blockierend wirken. In diesem Fall erzielst du eine weit bessere Wirkung, wenn du dir vorher oder nachher z.B. die Fühlung der Wade am Pferdeleib beschreiben läßt.
Folgende Tips können dir beim Ausprobieren neuer Wege helfen:
• Laß Veränderungen vornehmen (mit oder ohne Pferd), z.B. Fäuste

Laß Veränderungen vornehmen: Hüftgelenke fest...

... Hüftgelenke beweglich: Gesäß vor.

öffnen und schließen, Kopf hängen lassen, dann normal tragen, Oberkörper vor (Entlastungssitz) und normal aufrecht, Arme ausgestreckt, dann Fühlung der Ellenbogen am Körper (bzw. Pulli, T-Shirt), Hüftgelenke fest (Becken zurück), Hüftgelenke beweglich (Gesäß vor), Knie schließen und öffnen, Absatz oben und unten.

• Führe die Sitzschulung also in Verbindung mit der Schulung des Körpergefühls durch: Nimm weniger Wertungen und Korrekturen vor, laß den Schüler statt dessen seine Empfindungen beschreiben: »Wie spürst du deinen Kopf, die Schultern, Ellenbogen, Finger, Fäuste, Hüftgelenk, Oberschenkel, Knie, Waden, Fußgelenke?«

• Arbeite weniger mit langen Erklärungen über den Kopf (Verstand), statt dessen mehr über Anschauung und Empfinden. Vorteile: Komplexe Bewegungsabläufe werden nicht erst verstandesmäßig zerlegt und anschließend wieder äußerst mühsam zusammengesetzt, sondern gleich als Gesamtheit erfühlt. Du verweist also den Reiter von Anfang an auf sein wesentliches Instrument, das Körpergefühl. Und du hinderst ihn nicht durch lange Erklärungen daran, dieses Körpergefühl zu erfahren.

• Erinnere dich daran, aus wie vielen Einzelerklärungen du z. B. die Hilfen zum Angaloppieren zusammensetzen mußt (du hast das vielleicht selbst im Unterricht oder beim Nachlesen erfahren!): Der innere Schenkel treibt, der äußere (eine Handbreit zurückliegende) Schenkel hält etwas gegen, die innere Gesäßhälfte wird leicht vorgeschoben, die innere Hand läßt durch Nachgeben den ersten Galoppsprung heraus usw. Du mußt aber all dies in einem einzigen Moment und auch noch in der richtigen Dosierung und Abstimmung ausführen, um die entsprechende Wirkung zu erzielen!

• Es ist nicht weiter erstaunlich, daß diese Art der Vermittlung den Lernvorgang eher erschwert als erleichtert. Du machst ihn für den Schüler unendlich viel einfacher, wenn du an sein Körpergefühl appellierst: »Stell dir ganz deutlich vor, was du bei jedem Sprung im Galopp fühlst, wie dein Körper darauf eingeht. Setz dich einfach so hin und mach dasselbe wie bei jedem Galoppsprung – das sind die besten Hilfen zum Angaloppieren«.

• Nimm dir dabei vor, direkte Korrekturen und Wertungen möglichst zu vermeiden. Sie sind von außen kommende Eingriffe, die das Körpergefühl eher blockieren als fördern.

Übe die Hilfen für das Angaloppieren durch Erfühlen des Galoppsprungs.

- Das heißt nicht, daß du deinen Unterrichtsstil vollständig und abrupt ändern sollst. Vor allem wenn du sehr viele Stunden zu geben hast, ist dies kaum sinnvoll. Aber: Das Experimentieren mit der neuen Methode, ein punktuelles und behutsames Ausprobieren ist möglich und empfehlenswert. Du kannst dich auf diese Weise Schritt für Schritt von ihrer Effektivität überzeugen und wirst ihre Vorzüge bald nicht mehr missen wollen.

4.3. Hilfen und Einwirkungen

1. Lernziel

Was sind Hilfen? Hilfen sind körperliche Verständigungsmittel: Du sagst deinem Pferd mit Hilfe von Schenkeln, Gewicht und Händen, was du von ihm willst.

Als *Zusatzhilfe* kann (gezielt und maßvoll eingesetzt) die *Stimme* verwendet werden (Kommandos an der Longe, gelegentlich auch beim Reiten zur Beruhigung oder Aufmunterung des Pferdes). Zusätzliche Hilfsmittel zur Unterstützung der treibenden Hilfen sind Gerte und Sporen.

Hilfen sind eine internationale »Sprache«. Durch sie kannst du dich mit Pferden auf der ganzen Welt verständigen, sofern sie dressurmäßig ausgebildet sind.

Mach dir zum Ziel, deine Hilfen immer mehr zu verfeinern, bis sie kaum sichtbar – im Idealfall unsichtbar – sind und du mit minimalem Kraftaufwand auskommst. Entscheidend dafür ist schließlich das fein abgestimmte *Zusammenspiel* deiner Hilfen. Vorher mußt du jedoch die einzelnen Hilfen kennen und in ihrer Funktion erlernt haben.

Was traditionell als *Schenkelhilfe* bezeichnet wird, ist, genau genommen, die Hilfe mit dem Unterschenkel, das elastische Andrücken der Waden an den Pferdeleib. Achte darauf, daß deine Waden beim Treiben im Schritt-, Trab- oder Galopptakt mitfedern und auf keinen Fall klemmen!

Wir unterscheiden: vorwärtstreibende, seitwärtstreibende und verwahrende (begrenzende) Schenkelhilfen. Bei den vorwärtstreibenden liegen

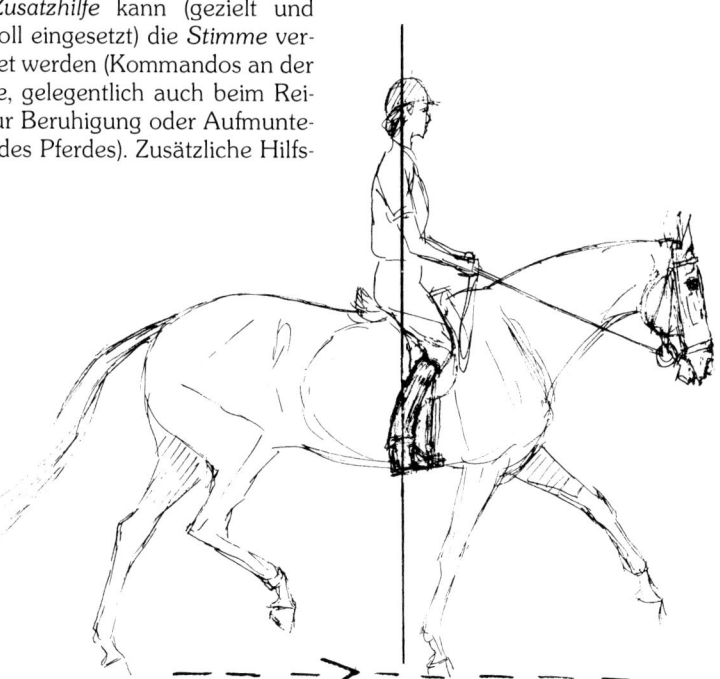

Lage des vorwärtstreibenden Schenkels

im Schritt und Trab beide Beine in Normalhaltung (Senkrechte: Schulter, Hüfte, Absatz), im Galopp gilt das nur für das innere Bein. Der seitwärtstreibende Schenkel (etwa bei

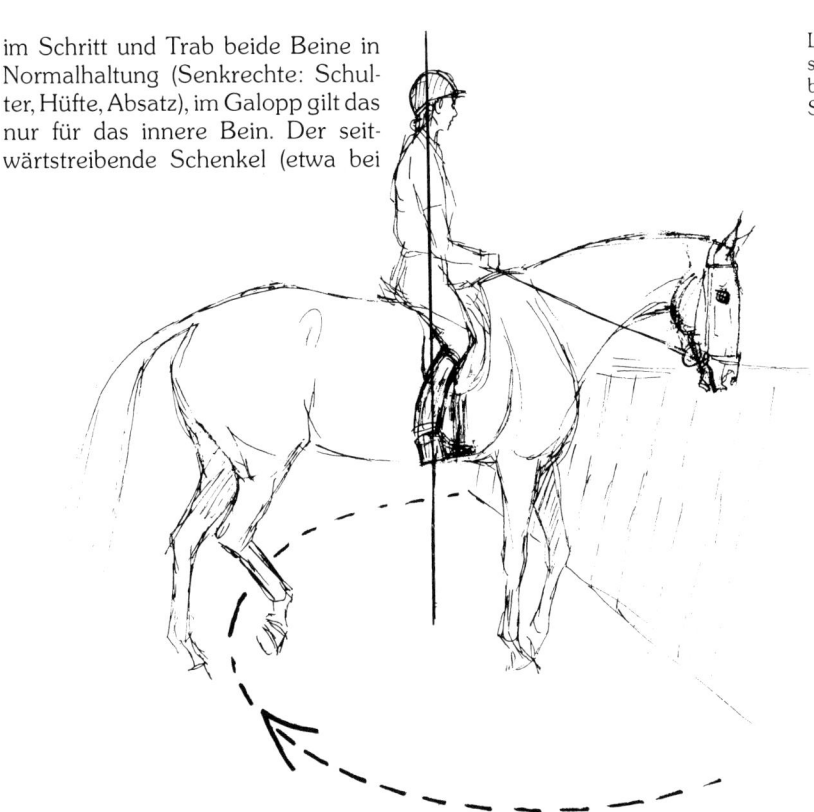

Lage des seitwärtstreibenden Schenkels

der Vorhandwendung oder beim Schenkelweichen) liegt an derselben Stelle. Der verwahrende Schenkel liegt etwa eine Handbreit weiter zurück als der seitwärtstreibende, z.B. bei der Vorhandwendung, beim Schenkelweichen oder im Galopp.

Bei der *Gewichtshilfe* wirkst du mit der Last deines Körpers, mit deinem Gewicht, auf den Rücken des Pferdes ein. Es gibt drei verschiedene Ge-

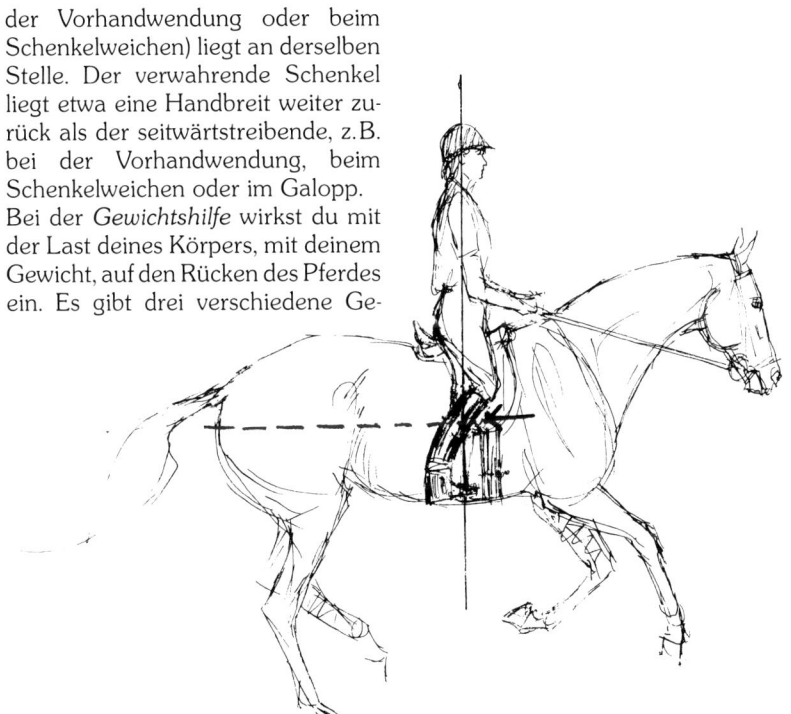

Lage des verwahrenden Schenkels

wichtshilfen: die beiderseits belastende (vorne an den Sattel heranrücken bei gleichmäßiger Belastung beider Gesäßknochen), z.B. zum Anreiten oder Antraben; die einseitig belastende, wie beim Reiten von gebogenen Linien oder beim Angaloppieren. Von entlastender Gewichtshilfe

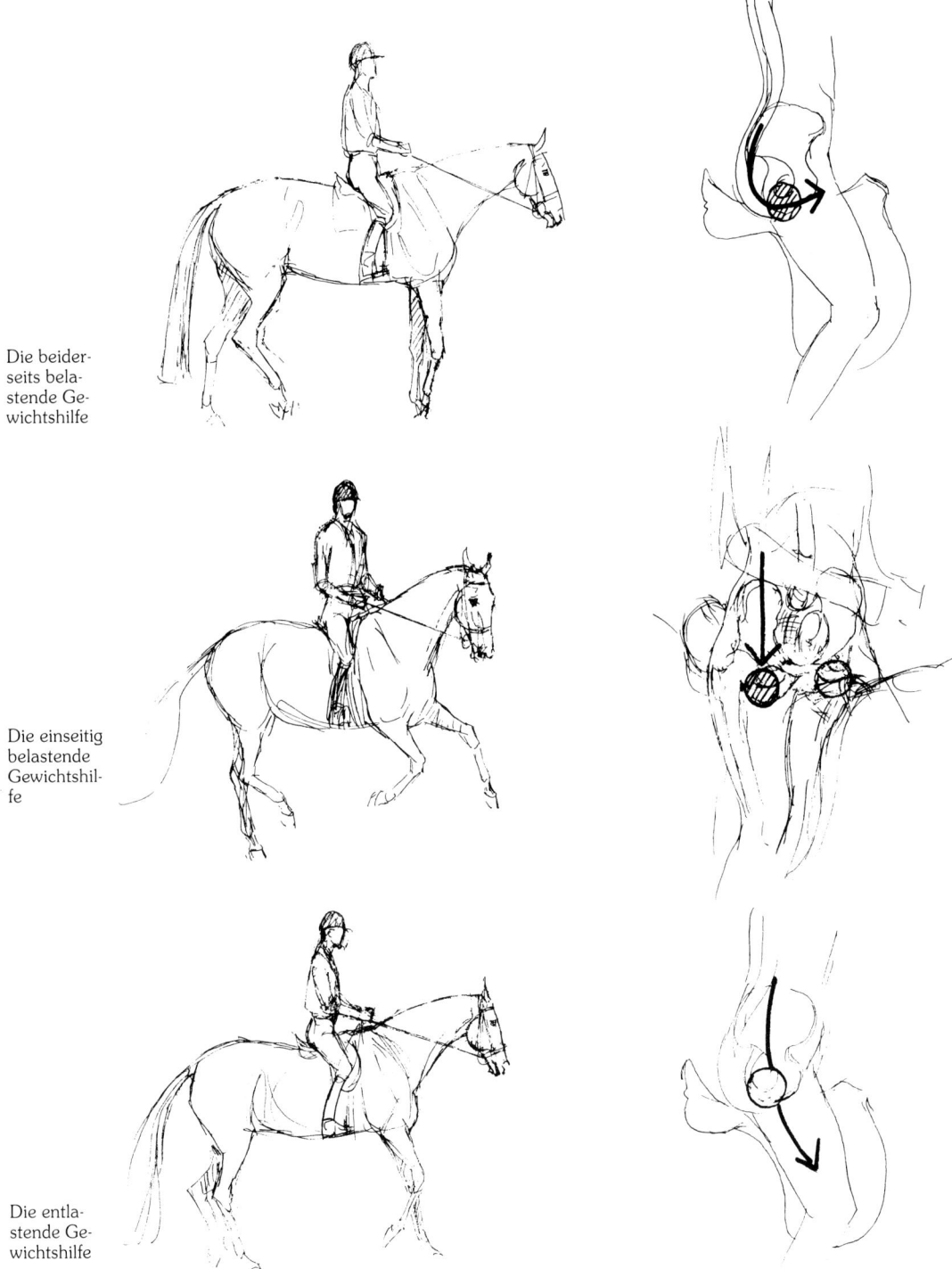

Die beiderseits belastende Gewichtshilfe

Die einseitig belastende Gewichtshilfe

Die entlastende Gewichtshilfe

sprechen wir, wenn wir unser Gewicht leichter machen, den Pferderücken entlasten: Du verlagerst dabei dein Gewicht etwas mehr auf die Oberschenkel und nimmst den Oberkörper leicht vor die Senkrechte. Das ist der Fall im leichten Sitz (Springen, Geländereiten), bei jungen oder rückenempfindlichen Pferden und beim Rückwärtsrichten.

Bei den *Zügelhilfen* wirkst du mit den Händen über Zügel und Gebiß auf das Pferdemaul ein. Du kannst sie grob unterteilen in: verwahrende, durchhaltende, annehmende und nachgebende. Auf eine durchhaltende oder annehmende Zügelhilfe muß immer eine nachgebende Zügelhilfe folgen. Bei der Technik des Annehmens hast du eine große Bandbreite: Vom feinen Öffnen und Schließen der Faust (vergleichbar dem Ausdrücken eines Schwamms) oder dem Eindrehen der Faust aus dem Handgelenk bis hin zum Annehmen der Zügel aus dem Ellenbogen heraus, wobei die Hand in gerader Linie zwischen Ellenbogen und Pferdemaul bleibt.

Selbstgespräch

Durchhaltende oder annehmende Zügelhilfen nur im Zusammenspiel mit treibenden Hilfen geben, an häufiges Nachgeben denken!

Voraussetzung
Für den *Reiter*: Bevor du anfängst, mit Hilfen auf dein Pferd einzuwirken, mußt du an der Longe gelernt haben, dich auszubalancieren und unabhängig von den Händen zu sitzen.
Für das *Pferd*: Seine Grundausbildung muß so weit gefestigt sein, daß es auf richtige Hilfen so reagiert, daß der Reiter die entsprechende Dosierung erfühlen kann.

2. Lernmethode

- Du nimmst so viele Longenstunden, bis du dich in allen drei Grundgangarten sicher fühlst.
- Du bittest deinen Lehrer darum, im Halten deine Beine richtig ans Pferd zu legen, und prägst dir das Gefühl dafür ein.
- Du trainierst immer wieder dein Körpergefühl, damit du genau spüren kannst, wo deine Waden liegen und einwirken.
- Du bittest deinen Lehrer darum, dir das Gefühl für die feine, gleichmäßige Verbindung zum Pferdemaul und für das langsame Annehmen und Nachgeben zu vermitteln, indem er die Zügel hinter den Trensenringen in die Hände nimmt.
- Die beiderseits belastende Gewichtshilfe (bei gleichmäßiger Belastung beider Gesäßknochen vorne an den Sattel heranrücken) übst du in Verbindung mit den treibenden Schenkelhilfen. Du nimmst dir vor zu spüren, wie dein Becken nach vorne kommt. Auf keinen Fall willst du dabei die Nierenpartie durchdrücken und dadurch das Hüftgelenk feststellen, blockieren.
- Übe die Grundform allen Einwirkens, das Zusammenspiel von Waden- und Zügeleinwirkungen, in den verschiedenen Stärken und Abstufungen: Zum Vortreiben spürst du das Nachgeben, das Anstehenlassen und Annehmen der Zügel. Dabei rückst du mit dem Gesäß elastisch nach vorne an den Sattel heran.
- So erfühlst du die Grundreaktion: Treiben – Nachgeben heißt Vorwärts, Treiben – Anstehenlassen der Zügel heißt Durchparieren.
- Du besprichst mit dem Lehrer dein Selbstgespräch, das folgendermaßen lauten könnte: »Vor (Treiben mit Beinen und Gesäß), leichter (Hände).«
- Übe dieses Zusammenspiel der Hilfen in vielen Variationen mental auch ohne Pferd.
- Übe die Verfeinerung deiner treibenden Hilfen, indem du immer wieder einmal aufhörst zu treiben. Dein Ziel dabei muß sein, daß dein Pferd im Mittelschritt, im Arbeitstrab und im Arbeitsgalopp das Tempo nur aus deinen mitatmenden Beinen heraus erhält. Denn: Dauerndes Hineintrei-

ben ins Pferd stumpft dein Pferd ab und strengt dich ganz unnötig an!

Merksatz **Nur soviel wie nötig treiben, dabei auf sofortiges Reagieren des Pferdes achten!**

3. Beispiele für Tips zur Bewältigung von Schwierigkeiten, die trotzdem auftreten

Problem **Dein Pferd geht nicht vorwärts, reagiert zu wenig auf deine treibenden Hilfen.**

Tips • Überprüfe, ob deine Beine elastisch im Takt mitfedern oder ob sie fest sind, »klemmen«.

• Stimme dein Pferd ab, indem du zum treibenden Schenkel die Gerte, bzw. in einem späteren Ausbildungsstadium, die Sporen einsetzt, dann die Hilfe ohne Gerte oder Sporen wiederholst.
• Bitte deinen Reitlehrer darum, das Pferd abzustimmen.
• Überprüfe deinen Sitz. Laß dich u. U. longieren, um den geschmeidigen Sitz ohne aktive Einwirkungen wieder zu erfühlen.
• Führe Entspannungsübungen durch.
• Bitte deinen Lehrer darum, ein anderes Pferd reiten zu dürfen, das feiner reagiert.

Dein Pferd läuft dir beim Schenkelweichen oder auf dem Zirkel über die äußere Schulter weg. *Problem*

• Überprüfe, ob dein äußerer Zügel zusammen mit dem äußeren Schenkel begrenzend, verwahrend einwirkt. *Tips*
• Überprüfe, ob die innere Hand leicht ist, genügend nachgibt. Du kannst den Fehler daran erkennen, daß das Gebiß innen mehr herausschaut als außen!

Pariere nach einem Fehlversuch durch, reite dein Pferd im Trab wieder rund, und galoppiere erst dann erneut an.

• Bitte deinen Lehrer, dich das richtige Ausmaß der Verbindung zum Pferdemaul erneut nachfühlen zu lassen.

Problem

Du hast Schwierigkeiten beim Angaloppieren: Dein Pferd kommt dabei über den Zügel oder »explodiert«.

Tips

• Kontrolliere deine Gewichtshilfe, die vielleicht zu stark oder zu abrupt war. Verlagere dein Gewicht beim Angaloppieren etwas mehr auf die Oberschenkel.
• Übe die Hilfen für das Angaloppieren durch Erfühlen des Galoppsprungs, evtl. auch an der Longe.
• Reite nicht einfach weiter. Pariere nach einem Fehlversuch durch, reite dein Pferd im Trab wieder an den Zügel und galoppiere erst dann erneut und mit feinen abgestimmten Hilfen an.
• Bitte deinen Lehrer um Kontrolle und Überprüfung.

Merksatz

Das richtige Gefühl für effektive Hilfengebung ist grundlegend für alles, was ich in Zukunft lernen will. Ich darf gerade zu Beginn nicht locker lassen, denn eingeschliffene Fehler sind hartnäckig!

4. Anregungen für den Lehrer

• Du denkst daran, daß das vorherige Abstimmen des Pferdes auf richtige und feine Hilfen durch dich oder einen guten Reiter die beste Grundlage dafür ist, daß der Schüler ohne langwierige Umwege das richtige Gefühl erfährt.
• Frage den Schüler in den Folgestunden, ob er sich noch genau daran erinnern kann, wie es sich z.B. anfühlt, wenn er bei feiner Verbindung mit den Händen nachgibt, ohne die Zügel durchhängen zu lassen. Oder frage ihn nach seinem Gefühl beim Durchparieren, als er während des Treibens die Zügel anstehen ließ.
• Kontrolliere dieses Gefühl dadurch, daß du den Schüler sagen läßt, wenn er dasselbe wieder spürt. Erneuere dieses Gefühl, wenn die Erinnerung verblaßt ist.
• Habe den Mut, einmal andere Methoden auszuprobieren, bevor du an dir, deinem Schüler (oder beiden!) verzweifelst.
Ich wünsche dir, daß du dabei ähnlich interessante und positive Erfahrungen machen wirst, wie ich sie selbst in meiner Unterrichtspraxis erlebt habe.

5. Ein Beispiel für den Versuch, einen hartnäckigen Fehler abzustellen

Dadurch, daß der Schüler viel häufiger selbst zu Wort kommt als bei der herkömmlichen Methode und der Lehrer daher das Geschehen mit dessen Augen sieht, wird es ihm leichter, die Ursachen für Fehler zu erfassen und abzustellen.
Eine Eigenart des Bewegungslernens – etwa im Vergleich zum verstandesmäßigen Lernen – ist die, daß das Lernen sehr, sehr aufwendig ist (aufwendig in bezug auf Zeit, Energie und Unterricht). Ist ein Bewegungsmuster dann aber erlernt und automatisiert, so ist es ungemein stabil: Man verlernt z.B. Schwimmen und Fahrradfahren nicht, wenn man es einmal kann. Auch im Reitsport verlernst du nichts von dem, was du einmal gelernt hast, selbst dann nicht, wenn du viele Jahre aussetzen mußt. Dies ist ein großer Vorteil des Bewegungslernens. Der Nachteil besteht darin, daß fehlerhafte Bewegungsmuster ebenso stabil sind.
Lehrer wie Schüler wissen, wie schwierig und langwierig es ist, eingefahrene Fehler etwa im Sitz oder in den Einwirkungen zu korrigieren. Hast du dann endlich das Gefühl,

107

den Fehler abgestellt zu haben, stellt er sich häufig bei der nächsten Prüfungs- oder Wettbewerbssituation wieder ein.

So hatte z.B. ich mir bei der Arbeit von Springpferden angewöhnt, im leichten Sitz den Pferderücken beim fliegenden Wechsel zu entlasten. Später, als ich mehr Dressurpferde ausbildete, hat mir diese Angewohnheit, die mit einem leichten Aufstehen verbunden war, vor allem bei den Serienwechseln große Schwierigkeiten gemacht. Es hat lange gedauert, bis ich den Fehler völlig abstellen konnte.

Das wäre mir gewiß leichter gefallen, hätte ich schon damals das vorzügliche Buch des Tennistrainers T. Gallway *(Das innere Spiel)* gekannt. Der Autor beschreibt dort, wieviel schwieriger es sei, falsche Bewegungsmuster zu korrigieren, als neue aufzubauen. Auf den Reitsport übertragen heißt das: Ich spreche eine falsche Hilfengebung überhaupt nicht an, sondern führe statt dessen eine neue, richtige ein.

Mit der Umsetzung dieser Erkenntnis habe ich bei einigen meiner Schüler verblüffend rasche Erfolge erzielt. Ich beobachtete, daß sie bei den fliegenden Wechseln z.B. Schwierigkeiten hatten, weil sie meinen alten Fehler machten oder auch ruckartig das Gewicht verlagerten. Mit der Aufforderung »Bleib sitzen!« oder gar »Steh nicht auf!« hätte ich an den eingeschliffenen Fehler erinnert und ihn dadurch wieder heraufbeschworen. Ich sagte statt dessen: »Galoppiere im Rechtsgalopp einfach neu, also links, an« (bzw. umgekehrt). Zu meinem Erstaunen waren Sitz, Hilfen und Galoppwechsel einwandfrei. Es war gelungen, den Fehler abzustellen, weil ich diesen gar nicht angesprochen, sondern eine richtige Hilfengebung eingeführt hatte, die sich zudem an einem bekannten, automatisierten Bewegungsmuster, dem einfachen Angaloppieren, orientieren konnte.

4.4. Paraden

1. Lernziel

Was sind Paraden?
Das Vortreiben mit Schenkeln und Gewicht zu den verwahrenden, durchhaltenden oder annehmenden Händen wird Parade oder auch halbe Parade genannt. Mehrere Paraden, die aus allen Gangarten zum Halten führen, werden auch als ganze Paraden bezeichnet. Sie bestehen jedoch im Grunde aus mehreren kleinen Paraden. Wir sprechen hier von Paraden, nicht von »halben« und »ganzen« Paraden, weil diese Begriffe irreführend sein können und nichts über Ausmaß oder Stärke aussagen.

Paraden als Zusammenspiel aller Hilfen haben sehr viele unterschiedliche Stärken und Schattierungen, die sich nach Ausbildungsstand, Gehorsam und Sensibilität des Pferdes richten. Bei jungen oder rückenempfindlichen Pferden entfällt eine aktive Gewichteinwirkung oder wird nur durch ein Vorschieben der Oberschenkel angedeutet. Die Parade dauert in der Regel ein bis zwei Sekunden und wird durch ein Leichter- bzw. Passivwerden aller Hilfen beendet.

Das Zusammenwirken aller Hilfen bei den Paraden bezeichnen wir als Schlüssel zur Reiterei. Ihre Ausführung und Qualität ist ein wesentliches Kriterium für das Können des Reiters. Gute Paraden zu geben, lernst du nicht auf Anhieb, in einem Anlauf. Wichtig ist jedoch, daß dir die richtige Technik so früh wie möglich klar wird. An ihrer Verbesserung und Verfeinerung wirst du lange arbeiten.

Wofür gibst du Paraden?
Paraden gibst du aus folgenden Gründen:
- zum Durchparieren,
- zur Verringerung des Tempos,

- um die Haltung zu verbessern oder zu erhalten,
- um Stellung oder Umstellung zu erwirken,
- um die Durchlässigkeit zu verbessern,
- um das Pferd aufmerksamer zu machen, etwa vor einer neuen Aufgabe, einem Übergang, einer Lektion,
- um die Versammlung zu verbessern oder zu erhalten.

Entsprechend der Wirkung, die du erzielen willst, sind beide Hände oder nur eine Hand dabei aktiv. Wenn zum Beispiel beide Hinterbeine für einen Übergang oder zum Halten aufnehmen sollen, sind beide Hände aktiv. Willst du aber eine einseitige Wirkung erzielen, wie zum Stellen oder um in der Wendung ein Ausfallen über die äußere Schulter zu verhindern, so gibst du die Parade an einem, dem entsprechenden inneren oder äußeren Zügel.

2. Lernmethode

- Du nimmst ein oder zwei Einzelstunden, um die Grundtechnik zu erfassen.
- Du trainierst immer wieder dein Körpergefühl, damit du genau spüren kannst, wo deine Waden liegen und wie sie im Verhältnis zu den Händen einwirken.
- Übe die Grundform allen Einwirkens, das Zusammenspiel von Waden- und Zügeleinwirkungen, in den verschiedenen Dosierungen und Abstufungen: Zum Vortreiben spürst du das Anstehenlassen und Annehmen der Zügel. Dabei rückst du mit dem Gesäß elastisch nach vorne an den Sattel heran.

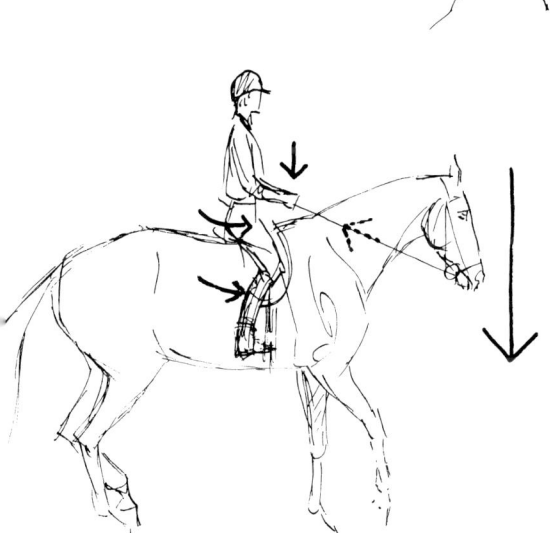

- So erfühlst du die Grundreaktion: Treiben – Nachgeben heißt Vorwärts, Treiben – Anstehenlassen der Zügel heißt Durchparieren.
- Du besprichst mit dem Lehrer dein Selbstgespräch, das z.B. folgendermaßen lauten könnte: »Vor (Treiben mit Beinen und Gesäß), einundzwanzig (etwa eine Sekunde), leichter (Hände und treibende Hilfen).«
- Spüre diese Paraden ganz fein, so daß dein Pferd dich gerade noch verstehen kann, und variiere in vielen Schattierungen und Stärken. Achte darauf, daß du bei diesem Zusam-

Erfühle die Grundreaktion: Treiben – Nachgeben heißt Vorwärts, Treiben – Anstehenlassen der Zügel heißt Durchparieren.

menspiel der Hilfen nicht zuviel Kraft – vor allem mit der Gewichtshilfe – einsetzt.
- Übe diese ganz »kleinen« Paraden zum Durchparieren, aber auch während einer Gangart, um Aufmerksamkeit, Durchlässigkeit, Biegung oder Versammlung zu erhalten bzw. zu verbessern.

Merksatz **Lieber mehrere ganz »kleine« Paraden als eine einzige »große«, gegen die mein Pferd sich wehrt. Wichtig: Mein Pferd muß dabei »rund«, am Zügel, bleiben.**

3. Tips zur Bewältigung von Schwierigkeiten, die trotzdem auftreten

Problem **Das Pferd wehrt sich gegen die Paraden, indem es z.B. den Rücken wegdrückt und mit Kopf und Hals nach oben kommt.**

Tips
- Wirke feiner ein und gib lieber einige »kleine« Paraden.
- Spüre, wieviel du mit dem Gewicht aktiv einwirkst. Versuche einmal, das Gewicht etwas mehr auf den Oberschenkel zu verlagern.
- Kontrolliere, ob du deine Paraden zu lange, viel mehr als eine Sekunde, ausdehnst.

Problem **Dein Pferd geht bei den Paraden gegen die Hand.**

Tips
- Spüre, was du dabei mit den Händen tust. Vielleicht nimmst du die Hände zuviel, zu hart oder zu lange andauernd zurück. Denk rechtzeitig ans Nachgeben!
- Empfinde, ob du etwa beim Durchparieren vom Trab zum Schritt in beiden Händen gleich viel Druck hast oder mit einer Hand stärker als mit der anderen einwirkst.

4. Anregungen für den Lehrer

- Das Gefühl für die feine, gleichmäßige Verbindung zum Pferdemaul, für die durchhaltende Zügelhilfe und für das langsame Annehmen und Nachgeben vermittelst du am besten, indem du die Zügel hinter den Trensenringen in die Hände nimmst.
- Es hat sich bewährt, dem Schüler den richtigen Sekunden-Rhythmus für die Paraden vorzugeben: »Vor(-treiben zu den Händen, etwa eine Sekunde), leichter (Hände und treibende Hilfen passiv).« Dies wiederholst du einige Male und läßt es dann den Schüler nachsprechen. In den Folgestunden sagst du nur noch: »Laß mich mal deine Paraden kontrollieren!« Er wiederholt in Kurzform sein Selbstgespräch, und du beobachtest ihn bei der Ausführung der Parade.
- Auch später, nachdem du dem Schüler das richtige Gefühl vermittelt hast, soll er dir immer wieder sagen, ob die Parade durchgekommen ist.
- Du hast gute Lernerfolge, wenn du den Schüler immer wieder anregst, ganz »kleine« Paraden zu geben und – bei entsprechend negativer Reaktion des Pferdes – mit der Gewichtshilfe vorsichtiger zu sein.

Beim Einüben und Überprüfen von Paraden kann ich gar nicht sorgfältig genug verfahren. Ich schärfe dem Schüler ein, daß mehrere »kleine« Paraden besser und wirksamer sind als eine einzige starke. Ich mache ihm das besonders bei der Parade aus dem Trab zum Halten klar. *Sehr wichtig*

5. Erfahrungswerte und Beispiele beim Versuch, Fehler abzustellen

Auch bei der Überprüfung bzw. Korrektur der Zügeleinwirkung habe ich

110

die Erfahrung gemacht, daß es weitaus wirkungsvoller ist, neue Gefühls- und Bewegungsmuster aufzubauen, als an alte Fehler zu erinnern.

So ist das weit verbreitete »Riegeln« (das mir auch in Kanada und Australien begegnet ist!), das mehr oder minder leichte Durchziehen des Gebisses durchs Pferdemaul, in der Regel schwer abzustellen. Viele Schüler, die ich aufforderte, die Hände still zu halten, waren dazu höchstens kurzfristig in der Lage. Manche riegelten unbeirrt weiter. Als ich sie fragte, ob ihre Zügeleinwirkung nun in Ordnung sei, bejahten sie dies uneingeschränkt! Erfolg stellte sich erst ein, als ich die Zügel an den Trensenringen selbst in die Hand nahm, sie die gleichmäßige, ruhige Verbindung zum Pferdemaul fühlen und anschließend mental wiederholen ließ, indem sie sich auf das soeben Empfundene so konzentrierten, als ob sie es noch einmal erlebten.

Daß es schon verhängnisvoll sein kann, an den alten Fehler nur zu erinnern, selbst wenn dies im positiven, lobenden Sinn geschieht, zeigt das folgende Erlebnis: In unserem Reitverein war mir seit einiger Zeit eine Reiterin dadurch aufgefallen, daß sie am inneren Zügel zog und den äußeren wegwarf. Als sie zum erstenmal zu mir in den Unterricht kam, fragte ich sie nach ihren Schwierigkeiten.

Sie sagte prompt: »Ich weiß, daß ich eine ganz schlechte äußere Hand habe. Das haben mir schon viele Lehrer gesagt.«

Ich erwiderte nichts, sondern nahm die Zügel hinter den Trensenringen in die Hand und ließ sie das richtige Stellen spüren: das weiche, ruhige Annehmen und Nachgeben am inneren Zügel bei elastischer Verbindung am äußeren Zügel. Nachdem sie dies auch mental geübt hatte, war der Fehler zu meinem Erstaunen tatsächlich behoben – mehr noch: Der Erfolg hielt an! Weil ich davon so beeindruckt war, sagte ich eines Tages: »Deine äußere Hand ist aber wirklich prima geworden.« Ich traute meinen Augen nicht: Sofort war der alte Fehler wieder da. Ich konnte ihn erst durch erneutes Fühlenlassen und mentale Übungen wieder beseitigen.

Es ist also eindeutig wirkungsvoller nachzufragen »Was spürst du in den Händen, Waden, Fußgelenken?« usw., als einen Fehler irgendwie anzusprechen, an ihn zu erinnern. Dieses Erinnern scheint unweigerlich auch alte Bewegungsmuster heraufzubeschwören! Beim Erfragen der Körperempfindungen erfahre ich zudem wichtige Einzelheiten: z.B. wie die Wade am Pferd liegt oder welche Finger mehr Druck spüren als andere. Ich kann dann das richtige Gefühl vermitteln, mental einprägen und festigen, ohne den alten Fehler überhaupt zu erwähnen.

Ich vermittle das Empfinden für die richtige Ausführung über das Körpergefühl und spreche Fehler nach Möglichkeit nicht direkt an.

Allerdings kann es trotzdem vorkommen, daß sich alte Fehler dann wieder einstellen, wenn schwierige Situationen mit unvorhergesehenen Problemen auftreten. Bezeichnend dafür ist die Äußerung einer Schülerin: »Ich kann das, was ich bei Ihnen in den Händen gespürt habe, fühlen, aber nur dann, wenn mein Pferd gut geht.« Sie war nur auf den Idealzustand »programmiert«. Es ist also wichtig, auch Problemsituationen ins mentale Training miteinzubeziehen: Der Schüler muß in der Lage sein, sich auch bei Schwierigkeiten gelernte Bewegungsmuster so vorzustellen, als seien diese konkret vorhanden.

Als Lehrer

5. Einzelne

Übungen

5.1. Übergänge

1. Lernziel

In diesem Teilkapitel erfährst du, wie Übergänge von einer Gangart zur anderen sowie Tempounterschiede geritten werden.

Durchparieren und Zurückführen des Tempos

Wenn du von einer Gangart zu einer niedrigeren (z.B. vom Galopp zum Trab oder vom Trab zum Schritt) oder zum Halten durchparieren willst, wirkst du mit den oben beschriebenen Paraden ein. Dasselbe gilt, wenn du das Tempo zurückführen willst, etwa aus einer Trabverstärkung zum Arbeitstrab oder später vom Mitteltrab zum versammelten Trab.

Die Vorform der Paraden zum Durchparieren oder zum Zurückführen des Tempos ist das Auffangen mit beiden Händen, u.U. auch mit Unterstützung durch die beruhigend wirkende Stimme. Das weiche Annehmen und Nachgeben mit beiden Zügeln – vorerst noch ohne die entsprechenden treibenden Hilfen – darfst du in folgenden Fällen anwenden:
a) solange du die Ausführung von Paraden noch nicht beherrschst,
b) wenn dein Pferd noch nicht am Zügel geht und daher deine Paraden noch nicht über den Rücken durchläßt.

Anreiten, Antraben

Zum Anreiten oder zum Antraben gibst du dieselben Hilfen: Du treibst mit beiden Waden zugleich, drückst sie also an ihrer dicksten Stelle kurz an den Pferdeleib, gibst dabei mit beiden Zügeln nach und rückst gleichzeitig elastisch nach vorne an den Sattel.

Vor dem *Angaloppieren* stellst du dein Pferd nach innen, mit der äußeren Hand gibst du eine Parade und nimmst den äußeren Schenkel eine Handbreit zurück. Zum Angaloppieren selbst gibst du folgende Hilfen: Der innere Schenkel treibt, der äußere hält etwas gegen, die innere Gesäßhälfte wird leicht vorgeschoben, die innere Hand gibt nach, damit das innere Hinterbein vorspringen kann.

Zum Anreiten oder zum Antraben treibst du mit beiden Waden zugleich, gibst dabei mit beiden Zügeln nach und rückst gleichzeitig elastisch nach vorne an den Sattel.

Hilfen zum Angaloppieren

Im Schritt treibst du wechselseitig und wirkst jeweils auf den abfußenden Hinterfuß ein.

Treiben und Zulegen
Um die Grundgangarten zu erhalten oder im Tempo zuzulegen, mußt du die spezifischen treibenden Hilfen kennen, die in jeder Gangart anders und immer mit einem entsprechenden Nachgeben der Hände verbunden sind. Die Stärke der Einwirkungen richtet sich nach Gehlust und Sensibilität des Pferdes.

Im *Schritt* treibst du wechselseitig

Im Trab treibst du mit beiden Waden zugleich, immer dann, wenn ein Hinterbein abfußt.

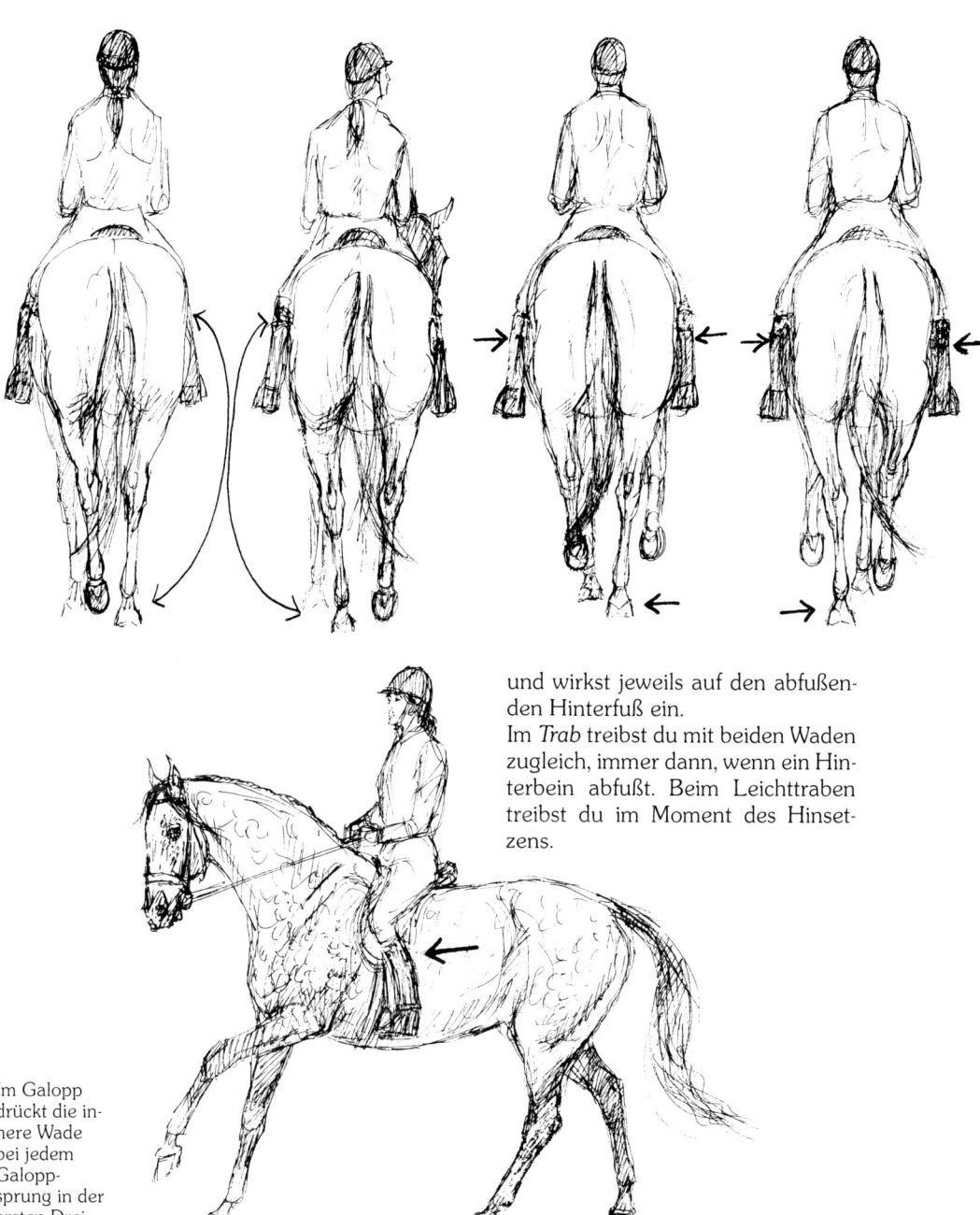

und wirkst jeweils auf den abfußenden Hinterfuß ein.
Im *Trab* treibst du mit beiden Waden zugleich, immer dann, wenn ein Hinterbein abfußt. Beim Leichttraben treibst du im Moment des Hinsetzens.

Im Galopp drückt die innere Wade bei jedem Galoppsprung in der ersten Dreibeinstütze.

Im *Galopp* drückt die innere Wade bei jedem Galoppsprung in der ersten Dreibeinstütze, der eine Handbreit zurückliegende Schenkel hält dagegen.

Was sich hier sehr theoretisch und kompliziert anhören mag, erfährst du als natürliches Eingehen in die Bewegung, sobald du in allen drei Grundgangarten sitzen gelernt hast.

2. Lernmethode

- Du konzentrierst dich auf dein Körpergefühl und spürst vor allem deine Hände, deine geschmeidige Mittelpositur (Hüftgelenke) und deine Beine in der Grundhaltung.
- Du übst vor allem das Zusammenwirken der Hilfen in vielen Stärken und Abstufungen, wobei du immer versuchst, mit möglichst feinen Hilfen auszukommen.
- Wenn du mehr vorwärtsreiten willst, spürst du zum Vortreiben mit den Waden und dem elastisch nach vorn an den Sattel heranrückenden Gesäß das Nachgeben mit den Zügeln. Willst du die Gangart oder das Tempo zurückführen, so spürst du zum Vorantreiben mit Waden und Gesäß das Anstehenlassen und Annehmen der Zügel.
- So erfühlst du die Grundreaktion: Treiben – Nachgeben heißt Vorwärts, Treiben – Anstehenlassen der Zügel heißt Durchparieren.
- Das taktmäßige, wechselseitige Treiben im Schritt kannst du am besten spüren, wenn du die Beine kraftlos und locker hängen läßt. Du fühlst dabei, wie die Beine abwechselnd einmal an den Pferdeleib kommen und danach wieder seitlich weggeschoben werden. Dies ist genau der richtige Takt, in dem du – je nach Bedarf – die Beine nur mitatmen läßt oder aktiv andrückst.
- Du darfst anfangs dein Gefühl für das richtige Treiben im Schritt durch einen Blick nach unten überprüfen: Du machst es richtig, wenn dein Druck mit der Wade in dem Moment erfolgt, in dem die jeweilige Schulter des Pferdes zurück ist.
- Auch das taktmäßige Mitfedern

Du darfst anfangs dein Gefühl für das richtige Treiben im Schritt durch einen Blick nach unten überprüfen.

Im Leichttraben drückst du deine Waden an den Pferdeleib, wenn du dich hinsetzt.

beider Beine für das Treiben im Trab (Aussitzen) kannst du am besten spüren, wenn du die Beine locker am Pferdeleib mitatmen läßt und dich auf dein Körpergefühl konzentrierst.

• Das Treiben beim Leichttraben findest du leicht heraus, indem du einfach spürst, wie deine Waden reagieren, wenn du dich hinsetzt. Du empfindest, daß du die Waden dabei an den Pferdeleib andrückst. In dem Maß, wie dein Pferd darauf anspricht, verstärkst oder verminderst du dieses Andrücken.

• Die Hilfen zum Angaloppieren und das taktmäßige Treiben im Galopp kannst du am besten an der Longe herausfinden. Du konzentrierst dich dabei auf dein Körpergefühl: Du spürst, wie du dich aus der Hüfte heraus in die Bewegung einschmiegst, wie deine innere Wade bei jedem Galoppsprung an den Pferdeleib kommt und wie du kurz danach deine zurückliegende Wade fühlst. Das, was du bei jedem Galoppsprung empfindest, ist die beste Hilfe zum Angaloppieren.

• Zur Überprüfung deiner Gefühlsbildung brauchst du natürlich einen guten Lehrer. Du bittest ihn darum,

Longenstunden sind keineswegs nur für den »blutigen Anfänger« gut!

Beim Leichttraben...

... treibst du im Moment des Hinsetzens.

Spüre in deinen Händen, ob du eine leichte, gleichmäßige Verbindung zum Pferdemaul hast.

dein Empfinden für das richtige Treiben zu kontrollieren: Er wird dich beim Treiben im Schritt auffordern zu sagen, wann du treibst (»links, rechts«), beim Traben (im Leichttraben und Aussitzen) und beim Galoppieren sagst du im entscheidenden Moment: »Jetzt – jetzt – jetzt!« Mach dieses Zählen zu deinem Selbstgespräch.
• Du hältst nach einer gelungenen Ausführung an, um sie mental zu festigen: Du stellst dir das Gefühl, das du hattest, genau vor. Anschließend reitest du die entsprechende Gangart noch einmal und versuchst, dieses Gefühl wieder zu erreichen. Du sagst deinem Lehrer, wenn es sich eingestellt hat, so daß er es kontrollieren kann.

Vorsatz **Ich bitte meinen Lehrer auch später immer wieder um die Überprüfung meines Gefühls und des entsprechenden Selbstgesprächs!**

• Trainiere dieses Empfinden auch zu Hause als mentale Übung!
• Mach dir, wenn irgend möglich, auch das Hilfsmittel von Videoaufnahmen zunutze: Bitte einen Bekannten darum, dich einmal zu filmen! Du kannst dir den Film zu Hause in aller Ruhe ansehen und dabei dein Körpergefühl überprüfen und verfeinern.

3. Tips zur Bewältigung von Schwierigkeiten, die trotzdem auftreten können

Problem **Anreiten oder Antraben gelingt nur mit äußerstem Krafteinsatz.**

Tips • Du mußt wissen, daß Schulpferde als Lehrpferde für Anfänger eine gewisse Dickfelligkeit brauchen – sie würden sonst bei jeder Ungeschicklichkeit weglaufen! Deshalb reitest du ja auch als Anfänger nach dem Reiten an der Longe zuerst hinter einem besseren Reiter her, und dein Lehrer unterstützt dein Bemühen, indem er, wie an der Longe, für das Pferd entsprechende Kommandos gibt. Das ist im Anfängerstadium normal, dient deinem Lernerfolg und gewährleistet deine Sicherheit.
• Empfinde, was du beim Treiben mit den Händen tust. Vielleicht gibst du nicht genügend – oder nur einseitig – nach.
• Spüre deine Waden: ob du sie wirklich nur kurz andrückst und dies dann bei Bedarf wiederholst oder ob du durch Klemmen, durch dauerndes Festhalten mit den Beinen, bewirkst, daß dein Pferd sich verhält (verkrampft).
• Wenn Dickfelligkeit oder Faulheit deines Pferdes für dich unüberwindlich sind, frage deinen Lehrer, ob du zum Schenkeleinsatz hinter der Wade die Gerte einsetzen darfst. Wiederhole deine Hilfen danach ohne Gerte – sie sollten dann wirkungsvoller sein!
• Wenn du gar nicht zurechtkommst, bittest du deinen Lehrer darum, dir einmal ein anderes Pferd zu geben. Wenn dies mit guter Begründung und in einem freundlichen Ton geschieht, wird er Verständnis dafür haben.

Problem **Das Angaloppieren klappt nicht, du mußt zuviel darüber nachdenken, was du alles tun mußt.**

Tip • Nimm wieder eine Longenstunde, vergiß das Angaloppieren als solches. Versuche vielmehr, im Galopp genau zu spüren, was du mit den einzelnen Körperteilen (Gesäß, Hüftgelenken, Beinen, Händen) tust. Zerlege dies nicht in Einzelteile, sondern führe zum Angaloppieren einfach dasselbe aus wie bei jedem Galoppsprung. Das sind die besten Hilfen zum Angaloppieren!

Problem

Antraben und Angaloppieren klappen, das Pferd pariert aber bald wieder von sich aus durch.

Tips

• Spüre in deinen Händen, ob du eine leichte, gleichmäßige Verbindung hast oder ob du immer wieder ruckartig einwirkst oder dich am Zügel festhältst. Eine Einzelstunde an der Longe kann dir helfen, auch wenn du schon längere Zeit reitest. Longenstunden sind keineswegs nur für den »blutigen Anfänger« gut! Denk daran, daß du nur aus dem geschmeidigen, korrekten Sitz heraus auch richtig einwirken kannst. Der anfänglich größere Aufwand lohnt sich!

• Spüre deine Beine und kontrolliere durch ein stummes Selbstgespräch, ob du im richtigen Takt treibst.

• Lenke dein Empfinden auch auf die Mittelpositur: ob du dich in die Bewegung einschmiegst oder ob du diese blockierst oder gegen die Bewegung sitzt.

Vorsatz

Ich nehme eine Longenstunde, bevor ich mir Fehler angewöhne, die ich später nur mit großem Aufwand oder gar nicht mehr loswerde.

4. Anregungen für den Lehrer

• Es hat sich sehr bewährt, den Schüler zuerst das taktmäßige Treiben selbst empfinden zu lassen: Du lenkst sein Körpergefühl auf die entsprechenden Körperpartien.

• Danach läßt du ihm Zeit – er hat jetzt genug zu tun. Der Schüler soll dir sagen, wann er den richtigen Takt empfunden hat. Nur wenn er es selbst nicht spüren kann, hilfst du ihm, indem du ihn rhythmisch unterstützt.

• Hat der Schüler den richtigen Takt herausgefunden, so sagst du es ihm sofort. Du läßt ihn anhalten und dies als mentale Übung wiederholen. Du gibst ihm Zeit. Er soll dir sagen, wenn er es genau so wieder empfunden hat.

• Danach läßt du ihn das Treiben nochmals praktisch ausführen, wobei er angibt, ob er dasselbe wie bei der mentalen Übung empfindet. Anschließend forderst du ihn auf zu sagen, wann er treibt – im Schritt mit »links, rechts« und im Trab oder Galopp mit »jetzt, jetzt, jetzt«.

• Du läßt ihn diesen Gefühlseindruck als »Hausaufgabe« wiederholen und fragst ihn das nächste Mal danach.

Geduld! Denn der Mehraufwand am Anfang zahlt sich später in jeder Beziehung aus.

5.2. Vorhandwendung

1. Lernziel

Ausführung

Bei der Vorhandwendung tritt das Pferd mit den Hinterbeinen um 180° um die Vorderbeine. Dabei ist es nach der Seite des seitwärtstreibenden Schenkels gestellt.

Hilfen

Der innere Schenkel treibt seitwärts, dabei ist die innere Gesäßhälfte etwas mehr belastet (»innen« ist immer die Seite, nach der das Pferd gestellt ist). Nach jedem Doppeltritt der Hinterbeine fangen der äußere Schenkel und der äußere Zügel die Seitwärtsbewegung auf. Der innere Zügel sorgt dafür, daß die Stellung erhalten bleibt. Nach einer kleinen Pause wiederholen sich diese Hilfen des Reiters, bis die Vorhandwendung beendet ist.

In der Vorhandwendung

Nutzen
a) für den *Reiter*: Du erlernst dabei die Technik der seitwärtstreibenden Hilfen (innerer Schenkel) in Verbindung mit den begrenzenden äußeren Zügelhilfen (diagonale Einwirkung). Sie bilden die Grundlage für die spätere Biegearbeit auf gebogenen Linien, in allen Wendungen und für alle Seitwärtsbewegungen.

b) für das *Pferd*: Die Wendung auf der Vorhand ist eine lösende Übung und dient dazu, dem jungen Pferd die einseitig wirkenden Hilfen beizubringen oder sie dem Korrekturpferd wieder klarzumachen.

Voraussetzung
a) beim *Reiter*: Du solltest das Zusammenspiel von treibenden Hilfen und verhaltenden Zügelhilfen in allen drei Grundgangarten erlernt haben.

b) beim *Pferd*: Mindestvoraussetzung ist das sichere Verständnis von Schenkel- und Zügelhilfen in der Vorwärtsbewegung in den drei Grundgangarten. Das Pferd muß zudem gelernt haben, ruhig zu stehen.

Vorbereitung
Geh in der Halle vor der Vorhandwendung auf den zweiten Hufschlag (ca. 80 cm innerhalb des Hufschlags an der Bande), damit dein Pferd Platz für Kopf und Hals hat. Dann stellst

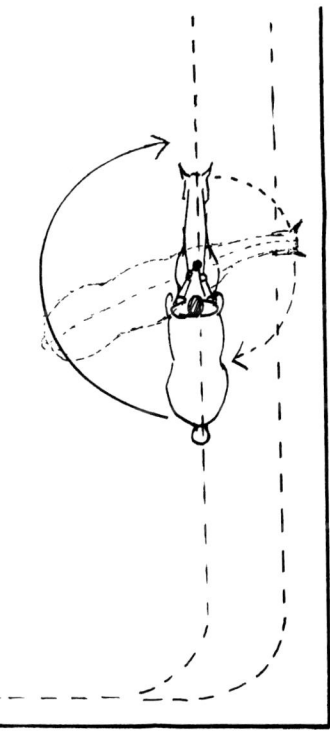

Geh in der Halle vor der Vorhandwendung auf den zweiten Hufschlag.

Dann stellst du dein Pferd nach innen. Du legst den äußeren Schenkel eine Handbreit zurück, der innere bleibt in Normallage.

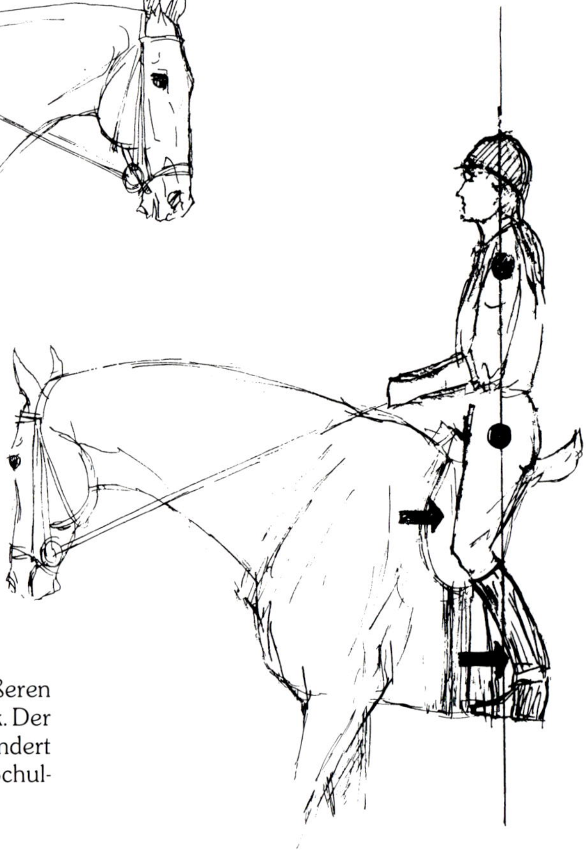

Pferd wieder auf richtige Reaktionen, auf leichte Hilfen hin abzustimmen, damit du sicher sein kannst, das richtige Gefühl für diese Übung zu bekommen.

du es und legst deinen äußeren Schenkel eine Handbreit zurück. Der innere Schenkel bleibt unverändert in Normallage (Senkrechte: Schulter, Hüfte, Absatz).

2. Lernmethode

- Wenn du die Einwirkungen zur Vorhandwendung neu lernen willst und dein Lehrer meint, daß du soweit seist, so leiste dir den »Luxus« einer Einzelstunde. Denn du legst damit den Grundstein für viele weitere Übungen, bei denen du diagonal (innerer Schenkel – äußerer Zügel) einwirken mußt.
- Bitte deinen Lehrer in dieser Einzelstunde darum, dir die Vorhandwendung vorzureiten und dabei dein vielleicht etwas stumpf gewordenes

Es ist wesentlich einfacher, neue Bewegungsfolgen, wie die Hilfengebung für die Vorhandwendung, neu richtig zu lernen, als später eingeschliffene Fehler zu korrigieren.

- Du hast die Übung genau angesehen, kannst sie dir genau vorstellen, so als ob du sie schon geritten hättest. Jetzt sitzt du auf dem Pferd und spürst deine Beine am richtigen Platz. Die Waden liegen leicht am Pferd.

Dein Selbstgespräch bei der Vorhandwendung in Kurzform: »Innen, außen, begrenzen«.

• Jetzt bist du bereit für den ersten Versuch. Du drückst die innere Wade an, dein Pferd macht einen Doppeltritt nach der Seite. Du fängst es am äußeren Zügel durch Annehmen und Nachgeben auf und läßt es deinen äußeren Schenkel fühlen. Dies wiederholst du, bis die Wendung beendet ist.

• Dein Selbstgespräch dabei ist: »Innen (andrücken) – Tritt – nachlassen (innerer Schenkel), den äußeren Zügel etwas stärker und den äußeren Schenkel am Pferd fühlen.« Kurzform: »Innen (du spürst den Tritt), außen (äußerer Zügel und Schenkel) begrenzen.«

• Gefühlsbildung: Du bittest deinen Lehrer, dir sofort zu sagen, wenn es richtig war, damit du genau dieses Gefühl mit offenen oder geschlossenen Augen mental nachempfinden und damit festigen kannst. Beim zweiten Versuch vergleichst du das, was du spürst, mit deinem Empfinden bei der ersten Ausführung. Du sagst deinem Lehrer, ob dein Empfinden dasselbe oder ob es anders war. Das Gelernte wird auf diese Weise immer mehr zu deinem Eigentum, bis du schließlich die Vorhandwendung reiten kannst. Das Gefühl für die richtige Ausführung teilst du wieder deinem Lehrer mit, damit er es kontrollieren kann.

• Die Vorhandwendung übst du zu Hause noch einige Male mental, wobei du genau dasselbe Gefühl empfinden willst, das dir dein Lehrer vermittelt hat.

• Du bittest deinen Lehrer außerdem darum, dein Selbstgespräch zu ändern, falls sich Fehler einzuschleichen drohen, beispielsweise: »inneres Knie tief«, falls du selbst das Gefühl hast, dein Gewicht mehr nach außen zu verlagern.

• Du darfst die Kontrollfunktion deines Lehrers immer wieder in Anspruch nehmen, also nicht nur am Anfang. Bedenke, daß sich Fehler sehr schnell verfestigen und daß sie soviel leichter im Entstehen zu beseitigen sind.

Vorsatz — Ich traue mich bestimmt, meinen Reitlehrer um diese Dinge zu bitten, auch wenn es mir ungewöhnlich erscheint. Jeder gute Lehrer wird dies akzeptieren oder sich sogar darüber freuen. Reitstunden sind teuer genug. Wenn ich nicht zufrieden bin, muß ich notfalls den Lehrer wechseln.

3. Tips zur Bewältigung von Schwierigkeiten, die trotzdem auftreten

Problem — **Das Pferd folgt dem inneren Schenkel nicht, geht nicht nach der Seite.**

Tips —
- Unterstütze den inneren Schenkel, indem du dicht dahinter mit der Gerte nachhilfst. Wiederhole den Schenkeldruck ohne Gerte und mit feiner Dosierung. Präge dir den Gefühlseindruck genau ein.
- Kontrolliere die Stellung. Überprüfe das Gefühl, das du bei der Korrektur der Stellung hast.

Problem — **Dein Pferd geht zu schnell nach der Seite, läuft vor dem inneren Schenkel weg.**

Tips —
- Nach dem Druck mit der inneren Wade wieder nachlassen, also nicht dauernd drücken oder pressen! Präge dir dein Selbstgespräch in Kurzform ein: »Druck, Tritt, nachlassen.« Festige nach einem gelungenen Versuch dein Empfinden durch mentales Training.
- Nach jedem Doppeltritt der Hinterbeine den äußeren Schenkel und den äußeren Zügel fühlen lassen und damit begrenzen, um eine kleine Pause einzulegen.

Problem — **Dein Pferd läuft nach vorne weg.**

- Wenn du mit der Vorhandwendung erst anfängst, ist es kein Fehler, wenn dein Pferd vorne in einem kleinen Kreis mittritt.
- Spüre deine äußere Hand, und fange es mit dem äußeren Zügel durch Annehmen und Nachgeben auf.
- Spüre deinen äußeren Schenkel. Er wirkt verwahrend, begrenzend. Wenn er gleichzeitig zur inneren Wade drückt, wirkt dies vortreibend.

Wichtig — **Ich präge mir jede Verbesserung ein, indem ich sie anschließend innerlich noch einmal nachvollziehe und danach wieder reiterlich umsetze. Ich bitte den Lehrer, mein Gefühl zu kontrollieren, wenn ich im entsprechenden Moment »besser« oder »richtig« sage.**

4. Anregungen für den Lehrer

- Du erklärst dem Schüler genau und geduldig, was er tun soll.
- Du vermittelst ihm die Bewegungsvorstellung durch entsprechendes Anschauungsmaterial, d.h. du läßt ihn bei einer Vorhandwendung zusehen, reitest sie eventuell selbst vor oder zeigst einen Videofilm.
- Du achtest darauf, daß er anfangs die Übung betont langsam ausführt, nach jedem Doppeltritt anhält und den Vorgang nachempfindet. Laß ihn dabei die Augen schließen, falls ihm das hilft.
- Fordere ihn dazu auf, dir laut zu sagen, wenn er das Gefühl hatte, es richtig gemacht zu haben.
- Formuliere mit ihm zusammen ein Selbstgespräch, das du schließlich auf Kurzformeln (s.o.) reduzierst.

Als Lehrer — **Schon bei einer relativ leichten Übung wie der Vorhandwendung lege ich Wert darauf, daß der Schüler einen genauen und für ihn wiederholbaren Gefühlseindruck erhält. Damit lege ich einen wichtigen Grundstein für spätere Übungen.**

5.3. Schenkelweichen

1. Lernziel

Ausführung

Das Pferd geht beim Schenkelweichen in einem Winkel von 45° (halbe Ecke) zum Hufschlag. Dabei ist es nach der Seite des seitwärtstreibenden Schenkels gestellt – nicht gebogen. Es tritt mit dem inneren Hinterfuß vor und über den äußeren. Die einfachste Form ist die, bei der der Pferdekopf zur Bande zeigt, weil dadurch eine Begrenzung nach vorne vorhanden ist.

Bei der etwas schwierigeren Form ist der Kopf des Pferdes in das Bahninnere gerichtet. Außerdem kann Schenkelweichen später an der offe-

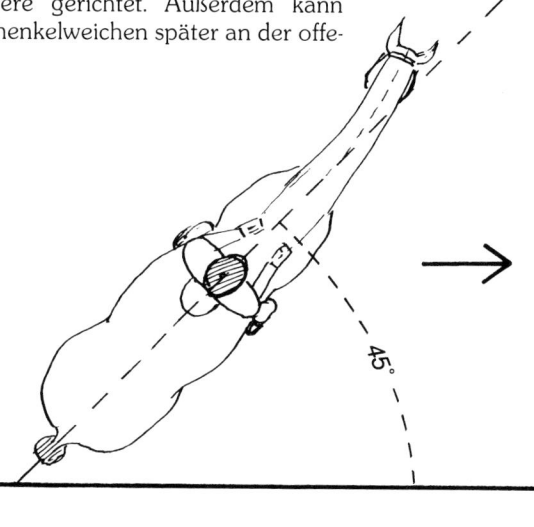

Die einfachste Form des Schenkelweichens ist die, bei der der Pferdekopf zur Bande zeigt.

Bei der etwas schwierigeren Form ist der Kopf des Pferdes ins Bahninnere gerichtet.

Außerdem kann das Schenkelweichen an der offenen Zirkelseite...

... und als Viereck-Verkleinern und -Vergrößern geritten werden.

Du nimmst die Hinterhand in der Vorwärtsbewegung vom Hufschlag der kurzen Seite so weit in die Bahn hinein, bis die Längsachse des Pferdes zur Bande maximal 45° bildet.

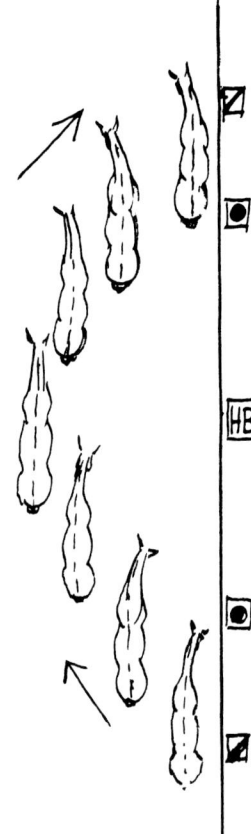

kel begrenzt die Abstellung, damit die Hinterhand nicht zu weit in die Bahn kommt, der Winkel also nicht stumpfer als 45° wird. Außerdem sorgt der äußere Schenkel im Zusammenspiel mit dem inneren für das Vorwärts in der Seitwärtsbewegung. Das Gewicht wird leicht nach innen verlagert.

nen Zirkelseite und als Viereck- Verkleinern und -Vergrößern geritten werden.

Hilfen

Du treibst, bei oben beschriebener Schenkellage, im Schrittakt wechselseitig weiter, läßt aber den inneren Schenkel so weit vorherrschen, daß dein Pferd diesem ausweicht. Mit dem äußeren Zügel fängst du auf und behältst dadurch den Hals in der Schulter gerade. Der äußere Schen-

Nutzen

Für den *Reiter*: Das Schenkelweichen dient dazu, den Reiter das Einwirken mit dem seitwärtstreibenden Schenkel in Verbindung mit dem Einwirken des äußeren Zügels zu lehren. Es ist also die Fortsetzung des diagonalen Einwirkens, wie du es schon in einfachster Form bei der Vorhandwendung gelernt hast.

Für das *Pferd*: Schenkelweichen ist eine gute lösende Übung. Es ist darüber hinaus ein wirksames Mittel, um jungen Pferden in der Vorwärtsbewegung die Reaktion auf den einseitig wirkenden Schenkel beizubringen oder die Reaktion zu verfeinern. Bei Korrekturpferden dient die Übung dazu, diese gewünschte Reaktion wieder klarzumachen.

Voraussetzung
Beim *Reiter*: Du solltest das Zusammenspiel der diagonalen Hilfen (innerer Schenkel/äußerer Zügel) bei der Vorhandwendung beherrschen und folgendes zur Vorbereitung geübt haben: Du reitest auf dem Hufschlag der kurzen Seite, stellst dein Pferd kurz vor der Ecke nach außen (zur Bande hin), läßt den inneren Schenkel in Normalhaltung (s.o.) und nimmst den äußeren eine Handbreit (s.o.) zurück. Nun nimmst du die Hinterhand in der Vorwärtsbewegung vom Hufschlag der kurzen Seite so weit in die Bahn hinein, bis die Längsachse deines Pferdes zur Bande maximal 45° bildet.
Beim *Pferd*: Es muß auf die diagonale Hilfengebung bei der Vorhandwendung abgestimmt sein und entsprechend reagieren.

2. Lernmethode

• Du hast dir die neue Übung vorher wieder möglichst oft und genau angesehen und dir ihre Ausführung vorgestellt.
• Du leistest dir für das Erlernen dieser Übung wieder eine Einzelstunde.
• Es ist, wie bei allen neuen Übungen, eine sehr große Lernerleichterung, wenn der Lehrer dein Pferd kurz reitet. Bitte ihn in der Einzelstunde darum, dir das Schenkelweichen vorzureiten. Dabei kannst du die Übung noch einmal sehen. Dein vielleicht etwas stumpf gewordenes Pferd wird zudem wieder auf richtige Reaktionen, auf leichte Hilfen abgestimmt. So kannst du sicher sein, das richtige Gefühl für die Übung zu bekommen.

Wirklich effektiv kann ich nur dann lernen, wenn mein Pferd auf die richtigen Hilfen fein reagiert! *Wichtig*

• Das Schenkelweichen übst du zu Hause noch einige Male mental, wobei du genau dasselbe Gefühl empfinden willst, das dir dein Lehrer vermittelt hat.

Vor allem wenn ich neue Übungen lerne, sind Einzelstunden sehr zu empfehlen und zahlen sich letztlich auch finanziell aus. *Nützlich*

• Eine gute Vorübung ist die sog. *Volte im Schwenken*. Du kannst dabei mit der dir bekannten Vorhandwendung anfangen. Damit du für diese Übung genügend Platz hast, gehst du in die Mitte eines Zirkels. Du beginnst die Vorhandwendung und führst dann mit dem äußeren Zügel die Vorhand nach der Seite in die Vorwärtsbewegung. So kommst du zur Volte im Schwenken und hast damit das Prinzip der Vorhandwendung im langsamen Ablauf erfaßt.
• Wenn diese Übung klappt, beginnst du, wie oben beschrieben, mit

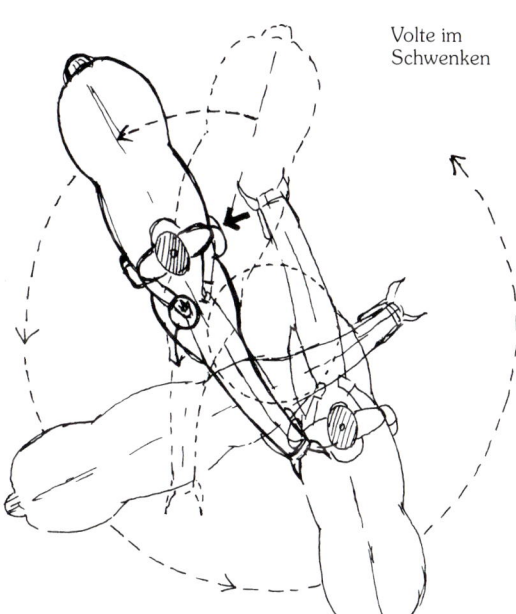

Volte im Schwenken

Du besprichst dein Selbstgespräch mit deinem Lehrer.

dem Schenkelweichen von der kurzen zur langen Seite.
• Du besprichst das *Selbstgespräch*, das dir bei der Ausführung helfen soll, mit deinem Lehrer. Es könnte etwa so lauten: »Innen stark (Schenkel), außen leicht (fühlen), äußerer (Zügel) auffangen (durch Annehmen und Nachgeben).« Wenn sich Schwierigkeiten einschleichen, ändert dein Lehrer dein Selbstgespräch, z.B.: »(mit der) innere(n) Hand (die) Stellung (halten).«
• *Gefühlsbildung*: Du bittest deinen Lehrer darum, dir sofort zu sagen, wenn das Verhältnis von Vorwärts-Seitwärts stimmt. Du hältst danach an und stellst dir das Gefühl, das du hattest, genau vor. Anschließend reitest du die Übung noch einmal und versuchst dasselbe Gefühl wieder zu erreichen. Du sagst deinem Lehrer, wenn dies der Fall ist, so daß er es kontrollieren kann.
• Hab keine Scheu davor, deinen Lehrer auch später immer wieder um die Überprüfung deines Gefühls und des entsprechenden Selbstgesprächs zu bitten!

3. Tips zur Bewältigung von Schwierigkeiten, die trotzdem auftreten

Problem

Das Pferd läuft mit zuviel Halsbiegung über die äußere Schulter weg.

Tips

• Spüre deine äußere Hand, laß die Verbindung zum Pferdemaul stetig werden, und begrenze durch leichtes Öffnen und Schließen der Faust den Hals in der Schulter.
• Mach den Hals wieder gerade und reite einige Pferdelängen geradeaus, bevor du erneut mit dem Schenkelweichen beginnst.

Dein Pferd geht nicht leicht genug vom inneren Schenkel weg. *Problem*

Tips

• Überprüfe die Voraussetzungen durch eine Vorhandwendung.
• Spüre, bevor du beginnst, wie deine Waden wechselseitig treiben, und behalte diesen Takt des Einwirkens bei: »Innen stärker – außen schwächer.« Damit wirkst du richtig auf den abfußenden Hinterfuß ein.
• Unterstütze kurzfristig deinen seitwärtstreibenden Schenkel hinter der

Das Pferd läuft mit zuviel Halsbiegung über die Schulter weg.

Spüre, wie deine Waden wechselseitig treiben: innen stärker – außen schwächer.

Der Winkel darf nicht steiler als 45° sein.

Wade mit der Gerte. Wiederhole den Schenkeldruck ohne Gerte und mit feiner Dosierung. Präge dir den Gefühlseindruck genau ein.

Problem **Dein Pferd geht nicht genügend vorwärts, tritt nicht taktmäßig über.**

Tips
- Spüre den Druck in deinen Händen, und laß ihn immer wieder betont leichter werden.
- Spüre das wechselseitige Einwirken deiner Waden.
- Schau dich einmal nach der Hinterhand um, und kontrolliere dein Gefühl, ob der Winkel zum Hufschlag nicht zu steil geworden ist.

Achtung **Mein Pferd muß beim Schenkelweichen genügend Platz für den übertretenden inneren Hinterfuß haben und darf sich dabei nicht auf die Kronen treten. Deshalb darf der Winkel nicht steiler als 45° sein.**

4. Anregungen für den Lehrer

- Du vermittelst, wie bei der Vorhandwendung, dem Schüler zuerst durch Anschauungsmaterial und Erklärungen eine präzise Bewegungsvorstellung.
- Du greifst auf die – bereits bekannte – Vorhandwendung zurück und machst ihm klar, welche Hilfen und Bewegungsfolgen übereinstimmen und welche neu hinzukommen.
- Du vermittelst ihm vor allem die Vorstellung der Vorwärtsbewegung und der richtigen Abstellung.
- Du verlangst anfangs nur wenige Tritte seitwärts. Gelingen diese, läßt du den Schüler anhalten, den Vorgang nachempfinden und dann wiederholen. Laß ihn selbst aussprechen, wie er den erneuten Versuch empfunden hat.
- Bei mehrfachem Mißlingen setzt du dich selbst aufs Pferd und reitest deinem Schüler das Schenkelweichen vor. Das hat gleich zwei Vorteile: Du zeigst ihm die Übung und stimmst das Pferd zudem so fein auf die Hilfen ab, daß der Schüler weniger Mühe haben wird, die richtige Dosierung zu erfühlen.
- Bei Schwierigkeiten mit den Zügelhilfen nimmst du die Zügel hinter den Trensenringen in die Hand und vermittelst auf diese Weise den richtigen Gefühlseindruck.

Nur auf einem fein abgestimmten Pferd kann der Schüler die richtigen Einwirkungen erspüren und dadurch zu seinem dauerhaften Besitz machen.

Du vermittelst dem Schüler vor allem die Vorstellung der Vorwärtsbewegung und der richtigen Abstellung.

5.4. Reiten von Wendungen im Gange und gebogenen Linien

1. Lernziel

Ausführung und Hilfen

Vor einer *Wendung im Gange* stellst du dein Pferd nach der Seite, nach der du wenden willst. Wie lange vorher du damit anfangen mußt, hängt davon ab, wie lange du brauchst, um dein Pferd in Stellung und leicht am inneren Zügel zu haben. Zum Abwenden führst du das Pferd mit dem inneren Zügel in die neue Richtung und gibst wieder nach, gleichzeitig verlagerst du dein Gewicht etwas mehr auf die innere Gesäßhälfte (beim Leichttraben in den inneren Steigbügel) und fühlst mit der inneren Wade durch.

Du behältst dein Pferd dabei am äußeren Zügel, damit es nicht über die äußere Schulter ausfällt. Der eine Handbreit zurückliegende Schenkel begrenzt die Wendung, damit die Hinterbeine in der Spur bleiben, also nicht nach außen wegtreten.

Bei den Wendungen gibt es verschiedene Schwierigkeitsgrade: Am leich-

Zum Abwenden führst du dein Pferd mit dem inneren Zügel in die neue Richtung und gibst wieder nach. Beim Leichttraben verlegst du dein Gewicht etwas mehr in den inneren Steigbügel und fühlst mit der inneren Wade durch.

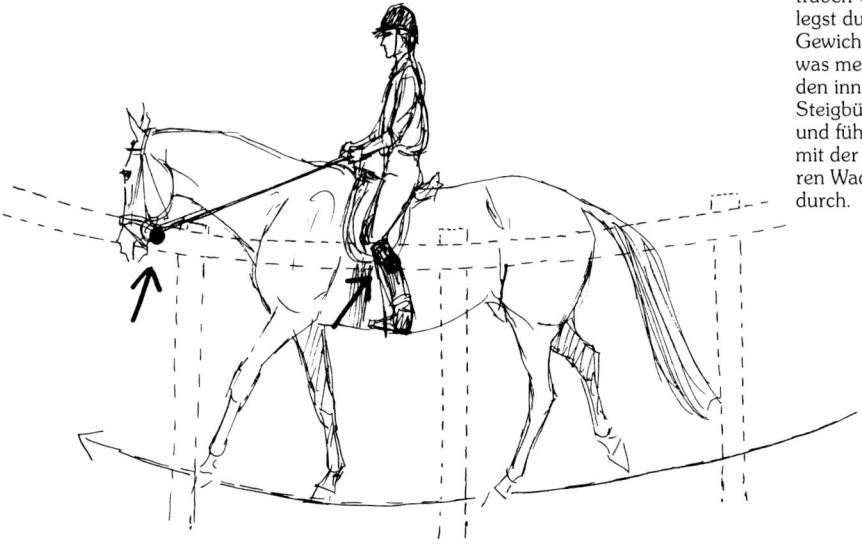

Du behältst dein Pferd am äußeren Zügel, damit es nicht über die äußere Schulter ausfällt.

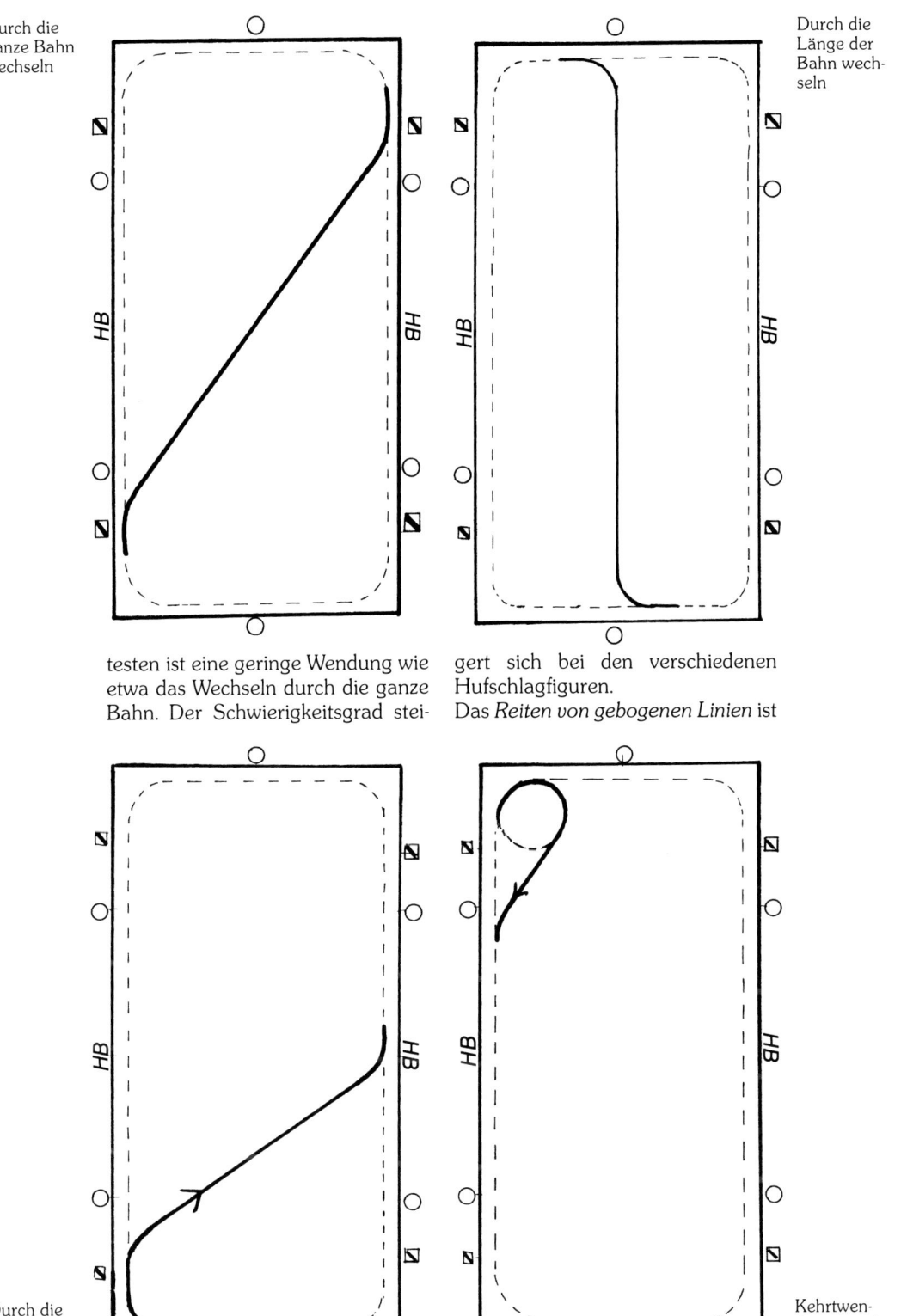

testen ist eine geringe Wendung wie etwa das Wechseln durch die ganze Bahn. Der Schwierigkeitsgrad steigert sich bei den verschiedenen Hufschlagfiguren.
Das *Reiten von gebogenen Linien* ist

ein fortgesetztes Wenden. Später soll das Pferd entsprechend der zu reitenden Linie in der ganzen Länge gebogen sein. Die Längsachse entspricht also der Linie des Hufschlages.

Auch hier gibt es verschiedene Schwierigkeitsgrade, die von der großen gebogenen Linie, dem Zirkel, bis zur kleinsten gebogenen Linie, der Volte mit 5 m Durchmesser, reichen. Dazwischen liegt eine Vielzahl von gebogenen Linien: Je kleiner die Biegung ist, desto schwieriger ist sie zu reiten. So ist z.B. die doppelte Schlangenlinie schwieriger als die einfache, die kleinste Volte schwieriger als die größte von 10 m Durchmesser, wie sie in den unteren Dressurklassen gefordert wird.

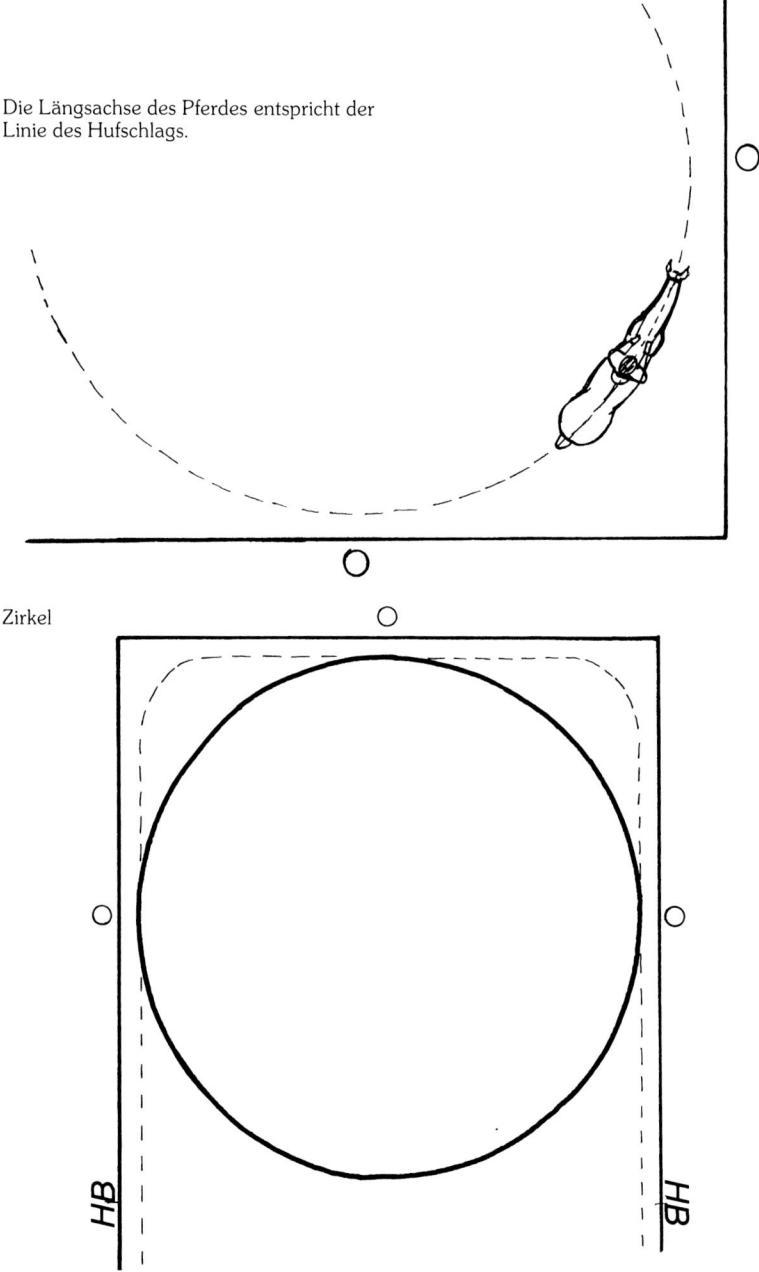

Die Längsachse des Pferdes entspricht der Linie des Hufschlags.

Zirkel

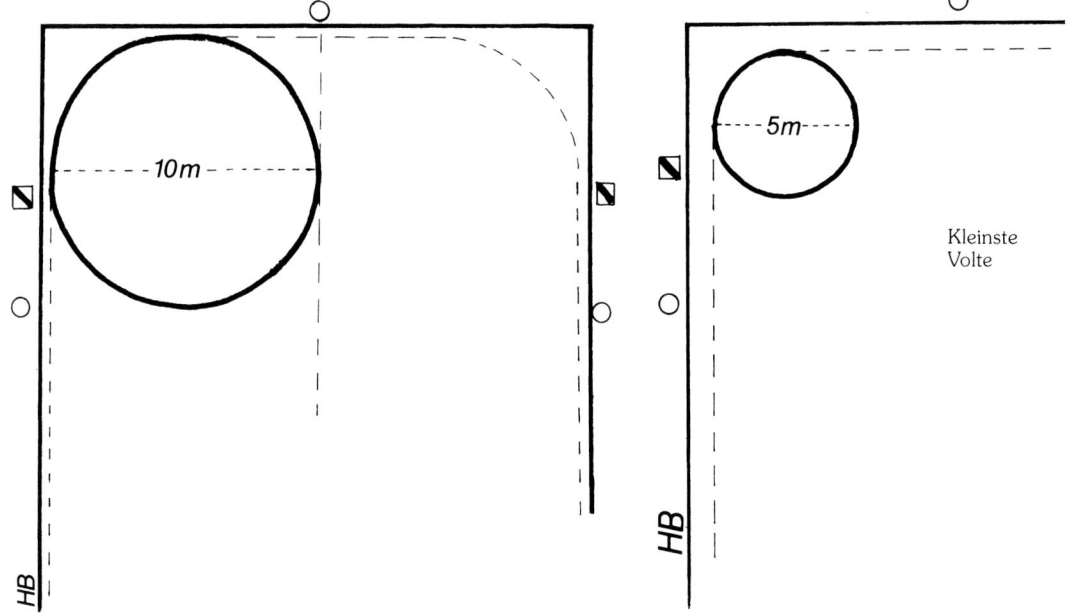

Größte Volte

Kleinste Volte

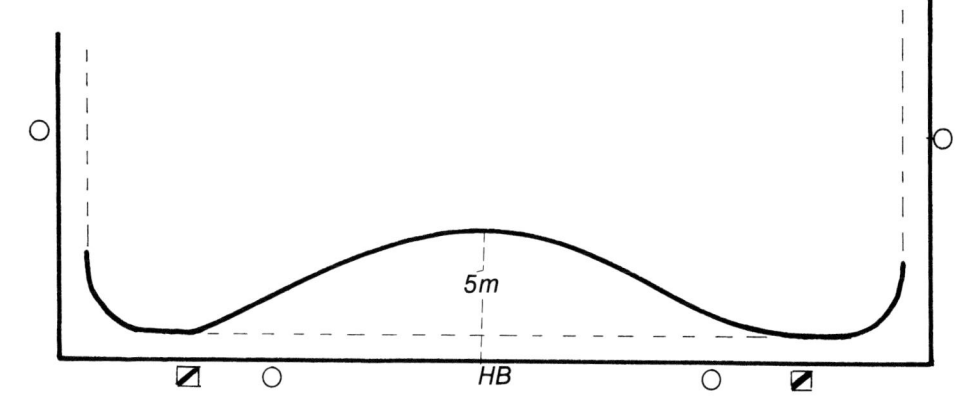

Einfache Schlangen-linie

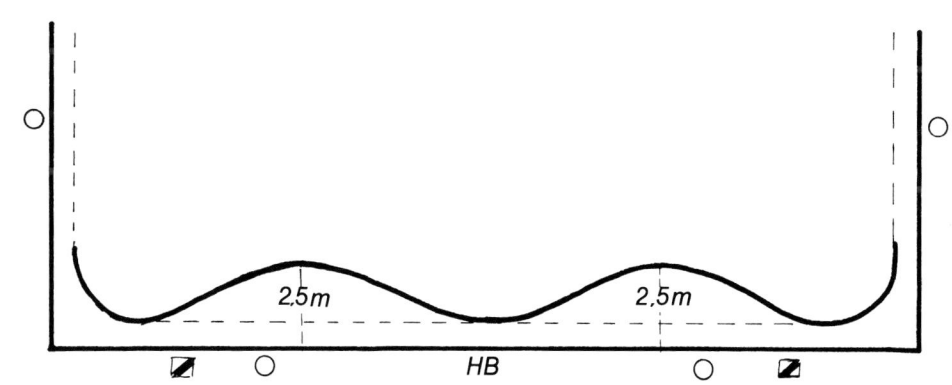

Doppelte Schlangen-linie

Die korrekt gerittene Ecke entspricht einer Viertelvolte.

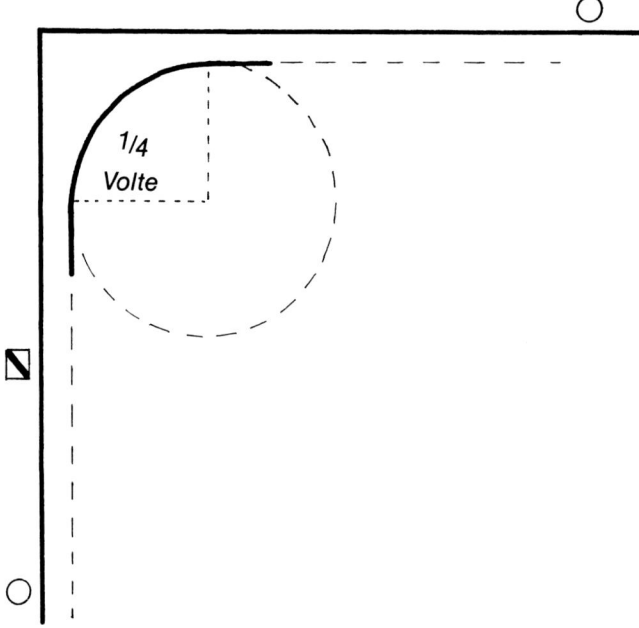

Auch *die Ecken* sind gebogene Linien. Wenn du sie korrekt ausreitest, reitest du eine Viertelvolte, und zwar das Viertel der kleinsten Volte (5 m Durchmesser)! Das wirst du am Anfang nicht schaffen. Runde deshalb die Ecken ab. Es ist wenig sinnvoll, mit einem nicht gebogenen, geraden Pferd durch die Ecke zu reiten! Versuche statt dessen, die Ecken abzuflachen und deinem Pferd auf dieser größeren gebogenen Linie die erforderliche Biegung zu geben. Du darfst die Ecken anfangs sogar so weit abrunden, daß die kurze Seite zu einem halben Zirkel wird. Das gilt immer

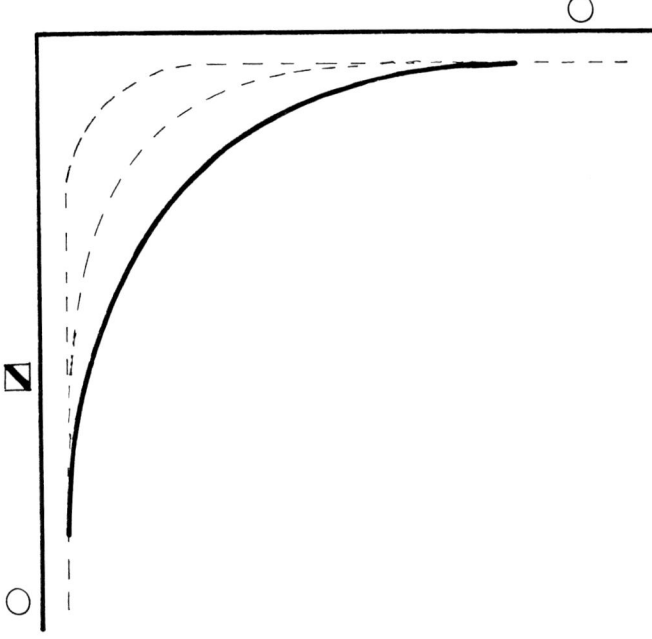

Verschiedene Grade des Abrundens der Ecken

dann, wenn
a) dein Pferd für eine stärkere Biegung noch nicht bereit ist,
b) du selbst die Technik des Biegens noch erlernen mußt.

Wichtig ist, daß du diese Technik (das Stellen und Biegen) zuerst auf einer großen gebogenen Linie übst und dir das Gefühl für die richtige Stellung und Biegung zum festen Besitz machst. Die Fähigkeit, dein Pferd allmählich auch auf kleineren Linien zu biegen, wird sich dann mit der Zeit einstellen.

Das Reiten auf großer gebogener Linie ist für das Erlernen der Biegearbeit grundlegend wichtig und zudem eine ausgezeichnete lösende Übung für dein Pferd. Auf dem Zirkel machst du es im Trab und Galopp auf der inneren Seite hohl und dehnst es auf der äußeren Seite. Dabei erhältst du mit dem inneren Schenkel die Biegung. Du kontrollierst das erreichte Ziel, indem du mit der inneren Hand vorgehst (ein bis zwei Handbreit): Dabei muß die Stellung über die Biegung erhalten bleiben.

Der innere, am Gurt liegende Schenkel wirkt seitwärtstreibend, während der äußere, verwahrende Schenkel eine Handbreit weiter zurückliegt. Der äußere Zügel wirkt ebenfalls verwahrend ein, indem er durch stetige Verbindung mit dem Pferdemaul die Längsbiegung nach außen begrenzt, dabei aber die notwendige Dehnung der äußeren Seite zuläßt.

Äußerer Schenkel und äußerer Zügel wirken also gemeinsam als Begrenzung, während zusammen mit dem seitwärtstreibenden inneren Schenkel die innere Hand versucht, durch weiches Annehmen und Nachgeben Stellung und Biegung zu erreichen, das Pferd innen hohl zu machen.

Sobald der Schwung deines Pferdes dabei auch nur geringfügig nachläßt, reitest du es auf gerader Linie wieder vorwärts.

Geh erst dann erneut auf den Zirkel, wenn dein Pferd wieder schwungvoll geht. Wechsle häufig die Hand (in der Regel alle fünf Minuten), selbst wenn Stellung und Biegung auf der einen Hand noch nicht erreicht sind. Hab viel Geduld mit dir und deinem Pferd. Schon ein Teilerfolg zeigt dir, daß du auf dem richtigen Weg bist und den Grundstein für gute gymnastische Arbeit gelegt hast.

Nutzen
a) für den *Reiter*: Du entwickelst und verfeinerst die Technik der diagonalen Hilfengebung (vgl. Vorhandwendung, Schenkelweichen) und lernst, sie im Gange mit dem Ziel der Biegung deines Pferdes anzuwenden. Du erwirbst damit die Fähigkeit, dein Pferd geschmeidiger, durchlässiger, besser zu machen.

b) für das *Pferd*: Biegearbeit dient der Geraderichtung deines Pferdes, es lernt, mit den Hinterbeinen unter den Schwerpunkt zu treten (also nicht seitlich auszuweichen, »schief« zu gehen). Erst auf dieser Grundlage sind schwierigere Übungen in Versammlung und Verstärkungen sinnvoll. (Vgl. P. und W. Hölzel, *Profitips für Reiter*)

Voraussetzung
a) beim *Reiter*: Du mußt die diagonale Hilfengebung bei der Vorhandwendung und beim Schenkelweichen beherrschen.
b) beim *Pferd*: Dein Pferd muß gelernt haben, über den seitwärtstreibenden Schenkel auf großen gebogenen Linien in Biegung zu kommen.

2. Lernmethode

• Für das Erlernen von Wendungen ist es besonders wichtig, daß du dir zu Beginn durch entsprechende Anschauung, durch Zeichnungen in Büchern, durch Zusehen, Filme oder Videos eine ganz genaue Vorstellung von dem bildest, was du lernen willst.

- Als mentale Übung kannst du Wendungen schon vor den ersten praktischen Versuchen üben, also ohne Pferd.
- Du bittest deinen Lehrer darum, die Zügel hinter den Trensenringen in die Hände zu nehmen und dir so das Gefühl für das langsame Annehmen und Nachgeben am inneren Zügel zu vermitteln, wobei die Verbindung am äußeren Zügel erhalten bleibt.
- Danach prägst du dir dieses Empfinden für beide Seiten durch eine mentale Übung ein.
- Verblaßt der Gefühlseindruck vielleicht nach einigen Reitstunden, so bittest du den Lehrer darum, diesen zu erneuern.
- Du übst das Wenden zuerst mit wenig Richtungsänderung, etwa beim Wechseln durch die ganze Bahn, im Schritt und Trab.
- Wenn du hinter einem anderen Pferd herreitest, kannst du nach der entsprechenden Anweisung des Lehrers versuchen, schon etwas früher als dein Vordermann abzuwenden, also bevor dein Pferd dem anderen nachläuft.
- Versuche bei jeder Wendung, über dein Körpergefühl zu spüren, was du mit Händen, Gewicht und Beinen tust.
- Übe immer wieder das fein abgestimmte Zusammenspiel deiner Hilfen in den verschiedenen Dosierungen und Abstufungen.
- Du besprichst mit dem Lehrer dein Selbstgespräch, das z.B. folgendermaßen lauten könnte: »Innen (Hand, Gewicht, Schenkel), außen (Hand, Schenkel).«
- Beim Ausreiten der Ecken, also einer Viertelvolte, führst du etwa das folgende Selbstgespräch: »Stellen, biegen (innere Wade), leichter (innere Hand in der Mitte der Ecke), gerade (-stellen nach dem Herausreiten aus der Ecke).«
- Bitte den Lehrer auch im weiteren Verlauf des Einübens immer wieder darum, dein Gefühl beim Wenden und das begleitende Selbstgespräch zu überprüfen.

Ich übe das Zusammenspiel der Hilfen in vielen Variationen mental, auch ohne Pferd, etwa im Stall, beim Zuschauen oder zu Hause. *Wichtig*

- Mach dir, wenn irgend möglich, das Hilfsmittel von Videoaufnahmen zunutze: Bitte einen Bekannten darum, dich einmal zu filmen! Du kannst dir den Film zu Hause in aller Ruhe ansehen und dabei dein Körpergefühl überprüfen und verfeinern. Du erinnerst dich zugleich an die Korrekturen und Kommentare deines Lehrers zu den einzelnen Übungen.

3. Tips zur Bewältigung von Schwierigkeiten, die trotzdem auftreten

Dein Pferd gibt innen nicht nach, ist fest in der inneren Hand. *Problem*

- Achte darauf, daß die innere Hand nach dem Annehmen sofort wieder nachgibt, also nicht ins Ziehen gerät. *Tips*
- Gib mehrere kleine Paraden statt nur einer.
- Stelle dein Pferd auch einmal an der langen Seite kurz nach innen.
- Übe das Stellen im Halten wie bei der Vorbereitung zur Vorhandwendung.
- Mach nach einem gelungenen Versuch sofort eine Pause und präge dir das soeben Empfundene mental ein.
- Bitte deinen Reitlehrer darum, dir das richtige Maß von Annehmen und Nachgeben nochmals über die Zügel zu vermitteln.

Dein Pferd fällt über die äußere Schulter aus. *Problem*

- Kontrolliere deine äußere Hand. Sie muß begrenzend einwirken, also *Tips*

Dein Pferd fällt über die äußere Schulter aus.

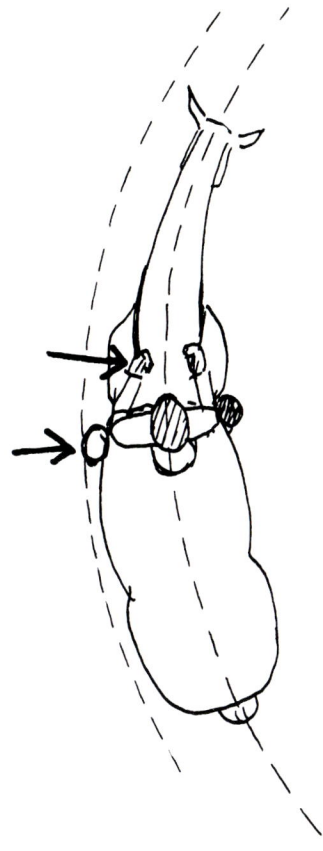

Verbindung zum Pferdemaul halten.
• Überprüfe, ob dein äußerer Schenkel verwahrend, ca. eine Handbreit zurück, liegt.
• Übe das begrenzende Einwirken von äußerem Zügel und äußerem Schenkel noch einmal bei der Vorhandwendung.
• Du kannst diese Funktion auch dadurch üben, daß du dem inneren Schenkel weichen läßt. Das kannst du an der langen Seite oder an der offenen Zirkelseite ausprobieren.

Problem **Dein Pferd reagiert nicht bzw. nicht genügend auf den inneren Schenkel.**

Tips • Du stimmst es bei der Vorhandwendung und/oder beim Schenkelweichen auf den inneren Schenkel ab.

• Du darfst, falls dein Pferd nicht reagiert, mit der Gerte dicht hinter dem Schenkel nachhelfen.
• Du bittest den Lehrer darum, dein Pferd fein abzustimmen.
• Du läßt den Erfahrungseindruck eines gelungenen Versuchs außerhalb des Reitens wiederholt mental, in deinem Kopf, ablaufen.

Weil die Technik des Stellens und Biegens für mein weiteres Lernen so wichtig ist, will ich in allen Einzelheiten ganz sicher werden. *Vorsatz*

4. Anregungen für den Lehrer

• Du vermittelst das Gefühl in den Händen, das langsame Annehmen und Nachgeben am inneren Zügel, wobei die Verbindung am äußeren Zügel erhalten bleibt, am besten dadurch, daß du die Zügel hinter den Trensenringen in die Hände nimmst und den Schüler die richtige Dosierung spüren läßt.
• Du beginnst mit einfachen Wendungen und großen gebogenen Linien und achtest vor allem darauf, daß der Schüler das richtige Gefühl für Stellung und Biegung bekommt. Die Korrektheit der Hufschlagfiguren kann warten!
• Du greifst auf einfachere Übungen (Vorhandwendung, Schenkelweichen) zurück, wenn der Schüler Schwierigkeiten hat, also z.B. nicht mit dem inneren Schenkel durchkommt.
• Du machst ihm das Erlernen des richtigen Einwirkens leichter, indem du sein Pferd so abstimmst, daß er die genaue Dosierung erfühlen kann.
• Du sparst nach einer richtigen Ausführung nicht mit Lob und forderst ihn dazu auf, sich den Vorgang noch einmal exakt vorzustellen, dadurch einzuprägen und wiederholbar zu machen.

Ich nehme mir Zeit

Indem ich dem Schüler das richtige Stellen und Biegen beim Reiten von Wendungen und gebogenen Linien vermittle und einpräge, lege ich einen wichtigen Grundstein für viele weitere Anforderungen.

• Reite deinem Schüler (evtl. in einer Einzelstunde) sein Pferd, z.B. auf der Zirkellinie, mit korrekter Stellung und Biegung vor, um ihm eine genaue Vorstellung von dem zu vermitteln, was er erreichen soll. Stimme dabei das vielleicht etwas stumpf gewordene Pferd wieder auf richtige Reaktionen, auf leichte Hilfen hin ab, damit er die Möglichkeit hat, die Übung richtig nachzuempfinden.

Wichtig

Nur über präzises Nachempfinden erreiche ich gesicherte Lernerfolge.

5.5. Rückwärtsrichten

1. Lernziel

Ausführung
Das Pferd soll am Zügel, durchlässig – also ohne Widerstand – bei diagonaler Fußfolge zurücktreten. Damit es anschließend geschlossen steht, beendest du die Übung mit einem halben Tritt.

Hilfen
Du leitest das Rückwärtsrichten mit denselben Hilfen ein wie das Anreiten, gibst jedoch mit den Händen nicht nach, sondern fängst den Antritt weich auf. Du läßt das Pferd sich

Diagonale Fußfolge beim Rückwärtsrichten

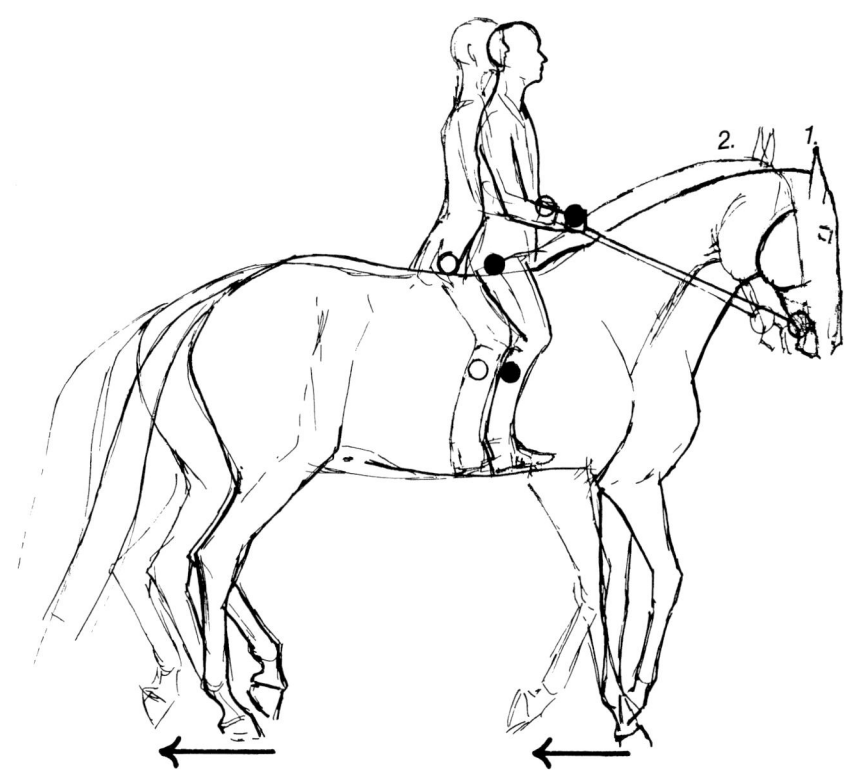

Du leitest das Rückwärtsrichten mit denselben Hilfen ein wie das Anreiten, gibst jedoch mit den Händen nicht nach.

Geschlossen stehendes Pferd

abstoßen und wirst unmittelbar nach dem ersten Rückwärtstritt leicht in der Hand und passiv im Sitz. Diese Hilfen wiederholst du in feiner Dosierung bei jedem weiteren Rückwärtstritt.

Nutzen
a) für den *Reiter*: Du lernst, das Zusammenspiel der Hilfen zu differenzieren und zu verfeinern. Du erfährst dabei eine Vorform der Hilfengebung, wie du sie später zum Aufnehmen oder Versammeln im Gang brauchst.
b) für das *Pferd*: Dies ist eine gute gymnastische Übung, vor allem zur Verbesserung der Tragkraft und zur Beugung von Hüft- und Kniegelenk (Hanke); sie dient überdies der Verfeinerung der Durchlässigkeit.

Voraussetzung
a) beim *Reiter*: Du solltest das Zusammenspiel der Hilfen durch Paraden gelernt haben, z.B. bei den Übergängen vom Galopp zum Trab, vom Trab zum Schritt und aus dem Schritt bzw. Trab zum Halten.
b) beim *Pferd*: Seine Durchlässigkeit soll zumindest so weit gefördert sein, daß es sich weich vom Galopp zum Trab, zum Schritt und zum Halten durchparieren läßt. Es sollte Tempowechsel im Trab gelernt haben und im Halten geschlossen am Zügel stehen.

2. Lernmethode

• Bei dieser Übung kannst du durch Zusehen nur lernen, wenn dir gleichzeitig erklärt wird, wie der Reiter einwirkt. Beobachte die Hände: Wenn diese gleich am Anfang rückwärts wirken, dann lohnt es nicht, länger zuzusehen – du kannst von diesem Reiter nur die falschen Hilfen lernen!

• Stell dir das Anreiten genau vor, wobei du aber nicht nachgibst, sondern die Hände stehen läßt. Kurz bevor dein Pferd sich an der Hand abstößt und rückwärtsgeht, spürst du die Verbindung zum Pferdemaul etwas stärker – weil du dagegen treibst, aber keinesfalls deshalb, weil du mit den Händen zurückgehst.

Vor dem Rückwärtsrichten muß dein Pferd rund sein und leicht am Zügel stehen.

Geschlossen und am Zügel

Ich spüre

Kurz bevor ich mit den Händen leichter werde, spüre ich durch Vortreiben – *nicht* aber durch Zurückziehen der Hände! – einen etwas stärkeren Druck in den Ringfingern.

• Lege größten Wert darauf, das Rückwärtsrichten von Anfang an richtig zu lernen. Fehler in den Einwirkungen, die sich zu Beginn einschleichen, sind gerade bei dieser Übung besonders hinderlich und hartnäckig.
• Deshalb leistest du dir zum Erlernen auch hier wieder eine Einzelstunde.
• Das vorherige Abstimmen auf richtige und feine Hilfen deines Pferdes durch den Lehrer ist eine wertvolle Hilfe. Dies schafft die besten Voraussetzungen dafür, daß du ohne langwierige Umwege das richtige Gefühl erfährst.
• Du beginnst mit dem Rückwärtsrichten nur dann, wenn dein Pferd rund ist und leicht am Zügel steht. Ist das nicht der Fall, kannst du jeden Versuch vergessen – es kann gar nicht klappen!
• Zuerst übst du immer nur den Anfang des Rückwärtsrichtens. Du spürst, wie du die Waden andrückst und mit dem Gesäß im Sattel elastisch vorne heranrückst. Du spürst dadurch kurze Zeit etwas mehr Druck in beiden Ringfingern. Tritt dein Pferd zurück, fühlst du, wie die Verbindung zum Pferdemaul und deine treibenden Hilfen leicht werden.
• Tritt dein Pferd bei den ersten Versuchen vor, so bist du auf dem richtigen Weg. Du hast lediglich zu Beginn mit den Händen nachgegeben, anstatt sie stehen zu lassen.
• *Gefühlsbildung*: Auch hier ist es wieder entscheidend für den anhaltenden Lernerfolg, daß dir dein Lehrer sofort Bescheid sagt, wenn der Ansatz richtig war. Bitte ihn darum! Wie bei den anderen Übungen empfindest du dieses Gefühl intensiv mental nach, um dann unter Kontrolle deines Lehrers die Übung noch einmal zu reiten.
• Du besprichst mit dem Lehrer auch dein *Selbstgespräch*, das z.B. in der folgenden Form hilfreich sein könnte: »Vor (treiben), Hände (Druck spüren), leichter (alle Hilfen).«
• In der Folgezeit wiederholst du das Erlernte in feiner Dosierung bei jedem weiteren Rückwärtstritt.
• Bitte deinen Lehrer auch im weiteren Verlauf des Einübens immer wieder darum, dein Gefühl beim Rückwärtsrichten und das begleitende Selbstgespräch zu überprüfen.

Häufig den Anfang üben, um dabei das richtige Gefühl für das Zusammenwirken der Hilfen zu spüren. Nie zu früh mehrere Tritte verlangen und dabei ins Ziehen kommen!

Hilfreich

3. Tips zur Bewältigung von Schwierigkeiten, die trotzdem auftreten

Dein Pferd zeigt Widerstand, indem es den Kopf hochnimmt und sich dagegen sperrt, rückwärts zu gehen.

Problem

• Beende die Übung, und schaffe die Voraussetzung für einen neuen Anfang, indem du dein Pferd wieder rund am Zügel stehen läßt.
• Schaffe diese Voraussetzung nicht im Halten, also auf der Stelle, auch nicht im Schritt, sondern in der energischen Vorwärtsbewegung, am besten im Trab. Achte darauf, daß dein Pferd die Paraden zum Halten korrekt abnimmt, rund und leicht in der Hand bleibt.
• Spüre beim Beginn der Übung deine Ringfinger. Kontrolliere, was du dabei mit den Händen tust.
• Spüre auch Beine und Gesäß. Kontrolliere, ob sie nicht zuviel oder ruckartig einwirken.

Tips

Du stellst dein Pferd vorher etwas tiefer ein.

- Übe häufig gute Ansätze zum Rückwärtsrichten.
- Du kannst vorübergehend dein Pferd vorher etwas tiefer einstellen.
- Überprüfe die Durchlässigkeit bei Übergängen und Tempowechseln.

Problem **Dein Pferd weicht nach der Seite – meist nach der rechten – aus.**

Tips
- Du kontrollierst, ob du den anfänglichen leichten Druck in den Händen gleichmäßig spürst oder ob du vielleicht eine Hand weiter zurücknimmst.
- Du nimmst die Wade auf der Seite, nach der das Pferd tritt, leicht zurück und spürst sie etwas aktiver als die andere (begrenzende Wirkung).

Problem **Dein Pferd geht mehr Tritte zurück, als du willst.**

Tips
- Reite immer wieder unterschiedliche Trittzahlen.
- Reite häufig aus dem Rückwärtsrichten wieder nach vorne, zum Schritt, an.

4. Ein Tip für den Lehrer aus meiner Unterrichtspraxis

Eine meiner Schülerinnen bereitete ich auf das Bronzene Reiterabzeichen vor – sie war also durchaus keine Anfängerin mehr und überdies recht talentiert.
Beim Rückwärtsrichten allerdings hatte sie erhebliche Schwierigkeiten. Weil sie immer mit der Hand zuerst, also rückwärts einwirkte und erst danach mit den Beinen vortrieb, sperrte sich der Wallach gegen die Hilfen, quengelte etwas zur Seite und kam über den Zügel.
Ich hatte sie bereits auf ihren Fehler hingewiesen, damit aber keinen befriedigenden Erfolg erzielt. Ich nahm mir also diesmal vor, den alten Fehler nicht direkt anzusprechen, sondern eine neue Bewegungsvorstellung zu bilden.
Ich ließ das Mädchen neben mir anhalten, erklärte ihr noch einmal die Hilfen, ließ sie diese in ihrer Vorstel-

Laß den Schüler im Halten die Hilfen in der Vorstellung nachvollziehen.

lung nachvollziehen und formulierte mit ihr zusammen ein Selbstgespräch: Beine und Gewicht (wie zum Anreiten), Hand (stehen lassen), leichter (alle Hilfen). Ich fügte hinzu: »Wenn dein Pferd zuerst antritt, bist du auf dem richtigen Weg. Du hast bloß etwas zu spät mit der Hand eingewirkt.«

Der erneute Versuch fiel besser, aber noch nicht befriedigend aus. Ich sah, daß auch das Pferd nicht fein genug reagierte, ließ die Schülerin absitzen und stimmte es selbst auf die Hilfen ab.

Danach gelang der Schülerin der erste Rückwärtstritt einwandfrei. Ich ließ sie halten und forderte sie auf, sich das, was sie soeben empfunden hatte, noch einmal genau und intensiv vorzustellen. Ich ließ sie wieder anreiten, dann halten: Das anschlie-ßende Rückwärtsrichten von drei Tritten gelang tadellos.

Mit der »Hausaufgabe«, daheim den Vorgang mit genau demselben Gefühlseindruck innerlich noch einmal ablaufen zu lassen, entließ ich sie.

Am nächsten Tag gelang das Rückwärtsrichten auf Anhieb. Sie sah mich strahlend an und sagte: »Genau so habe ich es mir vorgestellt!«

Auch beim Reiten der gesamten Aufgabe und selbst in der Prüfung traten bei dieser Lektion keinerlei Schwierigkeiten auf. Wir hatten den Knoten gelöst! Der Lernerfolg war automatisiert und damit gesichert.

Indem ich eine neue Bewegungsvorstellung bilde, erreiche ich weit mehr als durch den Hinweis auf Fehler.

Als Lehrer

Fordere den Schüler auf, sich das Empfundene noch einmal genau und intensiv vorzustellen.

6. Leichter Sitz und Springen

6.1. Reiten im leichten Sitz

1. Lernziel

Den leichten Sitz oder Springsitz nimmst du bei höherem Tempo und auf längeren Strecken ein, um den Rücken des Pferdes und deinen eigenen zu entlasten, also bei Geländeritten, beim Jagdreiten (Vgl. W. Hölzel, *Jagdreiten* und *Der Reiter-Paß in Frage und Antwort*) und im Parcours.

Die Steigbügel schnallst du 2–3 Loch kürzer als im Grundsitz, damit dein Knie fester am Sattel liegen kann. Dein Gewicht ruht im Knieschluß und in den Steigbügeln. Das Gesäß nimmst du leicht aus dem Sattel und den Oberkörper etwas vor die Senkrechte, die Hände sind unterhalb des Mähnenkammes elastisch an den Pferdehals geschmiegt.

Um den Schwerpunkt von Reiter und Pferd in Übereinstimmung zu bringen, nimmst du bei höherem Tempo den Oberkörper entsprechend weiter vor.

Wenn du zulegen oder das Tempo aufnehmen willst, nimmst du den Oberkörper etwas mehr zurück, dein

Entlastungssitz

Sitz in höherem Tempo

Gesäß kommt dabei näher *an* den, aber nicht *in* den Sattel. Das gilt z.B. vor und nach jedem Sprung und vor einer Wendung. Zum Verkürzen des Tempos treibst du mit den Schenkeln zu den weich annehmenden und wieder nachgebenden, tief bleibenden Händen.

Der leichte Sitz ist eine wesentliche Voraussetzung für das Reiten im Gelände – für jeden Reiter ein lockendes Ziel.

Du bist erst dann soweit, den leichten Sitz zu üben, wenn du den Grundsitz in allen drei Gangarten sicher beherrschst.

2. Lernmethode

• Du siehst dir diese Form des Sitzens vorher wieder möglichst oft und genau an und stellst dir die Ausführung vor.
• Du leistest dir auch für das Erlernen des leichten Sitzes eine Einzelstunde.
• Dein Lehrer sagt dir sofort, wenn du mit den kürzeren Bügeln richtig und geschmeidig sitzt. Du prägst dir dieses Empfinden durch mentales Üben ein. Bei der anschließenden praktischen Ausführung versuchst du, dasselbe Empfinden wieder zu erreichen. Du sagst deinem Lehrer, wenn das der Fall ist, und bittest ihn, deinen Gefühlseindruck zu überprüfen.
• Ebenso prägst du dir später im Gelände die Abwandlung der Grundform des leichten Sitzes bei höherem Tempo ein.
• Vergißt dein Lehrer, dir zu sagen, wenn die veränderte Form zu sitzen richtig ist, so bittest du ihn darum.
• Es wird dir nicht schwer fallen, das unvergleichliche Empfinden, in freier Natur im leichten Sitz zu galoppieren, auch ohne Pferd mental zu wiederholen und auf diese Weise zu üben.

Im leichten Sitz ins Gelände – für jeden Reiter ein lockendes Ziel!

Üben des leichten Sitzes im Trab

3. Anregungen für den Lehrer

• Es hat sich bewährt, den leichten Sitz zuerst im Schritt und dann im Trab üben zu lassen. Dabei bleibt der Reiter »stehen«, kommt mit dem Gesäß nicht in den Sattel. Die Bewegung nimmt er in den mitfedernden Gelenken, Fuß-, Knie- und Hüftgelenken, auf.
• Über Cavaletti zu reiten ist eine gute Übung, die gleichzeitig das Empfinden für Balance und das Mitgehen in der Bewegung fördert.
• Wie immer festigst du das richtige Empfinden für den leichten Sitz im Schritt, Trab und später im Galopp durch mentale Übungen.
• Du förderst die Geschmeidigkeit des Schülers, indem du ihn im Arbeitsgalopp zwischen leichtem Sitz und Einsitzen abwechseln läßt.
• Das Empfinden für die veränderte Form des leichten Sitzens in höherem Tempo schulst du zuerst in der offenen Bahn und festigst es durch mentale Übungen, bevor der Schüler den »Ernstfall« im Gelände erproben darf.

6.2. Springen

1. Lernziel

Voraussetzung für das Springen ist, daß du den leichten Sitz sicher be-

Reiten über Cavaletti

herrschst und das richtige Mitgehen über Cavaletti gelernt hast.
Wir unterscheiden beim Springen vier verschiedene Phasen:
1. das Anreiten des Hindernisses,
2. den Absprung,
3. das Landen,
4. das Weiterreiten nach dem Sprung.
Du reitest den Sprung im *Grundtempo* (einem frischen Arbeits- bis Mittelgalopp) im leichten Sitz und gerade an. Wenn dein Pferd das Hindernis anzieht, das Tempo also etwas erhöht, gehst du mit dem Oberkörper entsprechend weiter vor. Mit den Händen läßt du eine Erweiterung des Halses zu, ohne die Verbindung zum Pferdemaul aufzugeben.
Beim *Absprung* geht der gerade blei-

Der leichte Sitz

Sprung zu wagen! Das wäre gefährlich und sträflich leichtsinnig.
- Wenn jedoch Vorbereitung und alle anderen Voraussetzungen stimmen, ist Springen gar nichts Besonderes oder Schwieriges. Du kannst es erlernen wie alles andere auch. Und du wirst feststellen, daß es besonders viel Freude machen kann. Sicherheit ist allerdings eine entscheidende Voraussetzung. Auch wenn du schon ein wenig Übung hast – denk daran: Eine feste Sturzkappe ist Pflicht, und Leichtsinn oder Angeberei haben im Reitsport ohnehin nichts zu suchen.

Mir ist klar

Qualifizierter Unterricht ist beim Springen besonders wichtig. Er schaltet Gefahren für mich und mein Pferd aus.

- Es kann aber auch sein, daß du vor dem Springen Angst hast. Vielleicht ist deine Angst durch ein eigenes Erlebnis, den schweren Sturz eines anderen oder durch Berichte und Erzählungen begründet. Du kannst diese Angst abbauen, indem du dich optimal vorbereitest, alle Sicherheitsvorkehrungen triffst und deine mentalen Fertigkeiten einsetzt. Wenn du trotzdem noch Angst hast, darfst du das auch unumwunden aussprechen. Dein Reitlehrer wird darauf Rücksicht nehmen. Laß dich niemals überreden nach dem Motto: »Augen zu und drüber!« (vgl. Kapitel »Angstbewältigung«)
- Verschaff dir schon vor dem ersten Springunterricht eine genaue Vorstellung von allen Phasen des Springens, indem du dir Springstunden, Videofilme und Fernsehübertragungen ansiehst und dich dabei in die Rolle des Reiters hineinversetzt (innerlich mitreitest).
- Vollziehe das Gesehene mental in allen Einzelheiten nach.
- Reite immer wieder im leichten Sitz. Trainiere dabei Übergänge vom Arbeitsgalopp zur Galoppverstärkung und umgekehrt.
- Stell dir das Springen als einen größeren bzw. längeren und höheren Galoppsprung vor. Simuliere das Mitgehen beim Absprung immer wieder unter fachkundiger Anleitung und dann allein.
- Bitte deinen Reitlehrer darum, dir das Gefühl für das beim Springen angemessene Grundtempo zu vermitteln.
- Bitte ihn auch darum, dich das Mitgehen im Halten oder im Schritt üben zu lassen.
- Er wird dich auf Anfrage gewiß auch gern zur Vorübung über Cavaletti reiten lassen.
- Vollziehe das Grundtempo und das Mitgehen als inneren Film nach, wenn dein Reitlehrer bestätigt, daß es in Ordnung war.
- Du kannst dies auf dem Pferd (z. B. in einer Schrittpause oder beim Schrittreiten am Schluß der Stunde) oder ohne Pferd zu Hause und anderswo tun.
- Laß dir im Springunterricht vom Lehrer sagen, wie er dein Verhalten in allen Phasen des Springens beurteilt.
- Bitte ihn darum, die Phase(n) wiederholen zu dürfen, die nicht gut genug war(en).
- Sobald er dir bestätigt, daß der Versuch erfolgreich war, festigst du dein Empfinden, indem du es wieder als »inneren Film« ablaufen läßt.

Wenn ich alle Möglichkeiten der Vorbereitung und des mentalen Trainings nutze, werde ich das Springen genauso sicher erlernen wie alles Vorangegangene.

3. Tips zur Bewältigung von Schwierigkeiten, die trotzdem auftreten

Das Mitgehen klappt nicht – du störst mit den Händen oder fällst dem Pferd in den Rücken.

- Du trainierst das Mitgehen als »Trockenübung« und prägst es dir mental erneut ein.

Präge dir an Hand von Bildern den richtigen Springsitz ein! (Leslie McNaught Mändli auf Dönhoff)

Ich merke mir

Problem

Tips

- Du bittest deinen Reitlehrer um Kontrolle und empfindest einen gelungenen Sprung intensiv nach.
- Du bittest ihn darum, dein Pferd abzustimmen, falls du es nicht unter Kontrolle hast, das Tempo nicht regulieren kannst.

Problem **Das Pferd läuft nach dem Sprung weg.**

Tips
- Du wendest auf den Zirkel ab, bringst es unter Kontrolle und parierst erst dann zum Trab durch, wenn das Tempo stimmt.
- Du bittest deinen Lehrer evtl. darum, ein anderes Pferd reiten zu dürfen, das ruhiger und regulierbarer springt.
- Du übst das Auffangen des Tempos ohne Sprünge im leichten Sitz.

Problem **Dein Pferd wird vor dem Sprung langsamer und/oder bleibt vor ihm stehen.**

Tips
- Du setzt im Galopprhythmus energisch die treibenden Schenkelhilfen ein.
- Du unterstützt diese Schenkelhilfen mit der Gerte an der Schulter – durch Eindrehen der Faust, ohne dabei den Zügel anzunehmen.
- Du überprüfst, ob du völlig gerade auf den Sprung zureitest, und achtest darauf, daß deine Hände vor und über dem Hindernis nachgeben.
- Du bittest den Lehrer, das Pferd über das Hindernis zu reiten, dir das sichere Anreiten zu zeigen und zugleich die Reaktion deines Pferdes zu verbessern.

Problem **Dein Pferd wird vor dem Sprung erheblich schneller, du kannst das Tempo nicht regulieren.**

Tips
- Du übst das Einfangen des Tempos im leichten Sitz.
- Kontrolliere dabei, ob du nach dem Annehmen der Zügel sofort wieder nachgibst.
- Bitte deinen Lehrer darum, vor dem Hindernis auf einen Zirkel abwenden zu dürfen, sobald dein Pferd von sich aus zu schnell wird.
- Du bittest darum, daß er dein Pferd abstimmt, oder darum, ein anderes Pferd reiten zu dürfen.

Ich traue mich **Wenn ich trotz aller Bemühungen nicht zurechtkomme, darf ich meinen Lehrer darum bitten, mein Pferd einmal nachzureiten, abzustimmen oder mir ein anderes Pferd zu geben.**

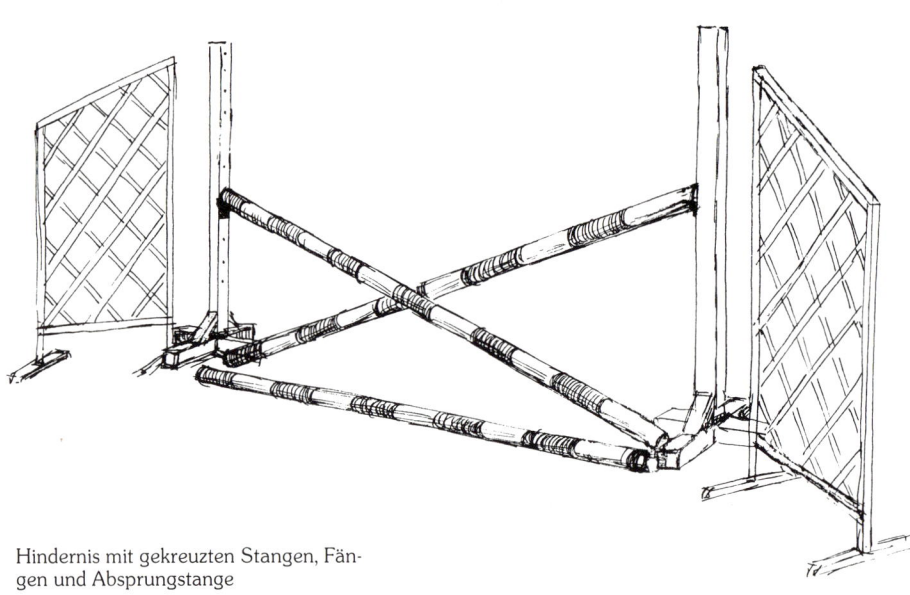

Hindernis mit gekreuzten Stangen, Fängen und Absprungstange

4. Anregungen für den Lehrer

- Du bestehst darauf, daß nur mit der vorgeschriebenen Sturzkappe gesprungen wird.
- Du tust auch sonst alles dafür, um Unfälle auszuschließen.
- Überrede niemals einen Reiter, der äußert, er wolle heute nicht springen, dazu, es dennoch zu tun!
- Für Reiter und Pferde gilt derselbe weise Grundsatz: Höre immer beim vorletzten Sprung auf, nämlich dann, wenn noch ein Sprung mit einem höheren Schwierigkeitsgrad möglich wäre. Du erreichst dadurch einen Abschluß zu aller Zufriedenheit und schaffst so die Voraussetzung für eine gute Weiterentwicklung.

Grundsatz **Ich höre beim vorletzten Sprung auf und erziele dadurch Sicherheit und Zufriedenheit.**

- Gerade beim Anfänger im Springen darf kein Aufwand zu groß sein: Hindernisse mit gekreuzten Stangen erziehen zum Springen in der Mitte, Fänge, eine Absprungstange und etwa vorgeschaltete niedrig gestellte Cavaletti im Trab- und später im Galoppabstand erleichtern den Lernprozeß.
- Daß gerade der Springanfänger ein braves Springpferd reiten sollte, ist selbstverständlich. Glücklich darf sich der Schüler schätzen, der einen sog. Selbstläufer bekommt, der auch kleine Ungeschicklichkeiten nicht krumm nimmt und trotzdem zuverlässig und ruhig springt.
- Sehr bewährt hat es sich, das Mitgehen beim Absprung als Trockenübung zu lehren und die Reaktionen des Schülers mit mentalen Übungen zu festigen.
- Das Gefühl des Nachgebens mit beiden Händen beim Absprung läßt sich sehr gut vermitteln, indem du die Zügel hinter den Trensenringen

Du vermittelst dem Schüler das Gefühl des Nachgebens, indem du die Zügel hinter den Trensenringen in die Hand nimmst.

Eine vorgelegte Stange im Galoppabstand erleichtert den richtigen Absprung.

in die Hand nimmst und die Dehnung des Pferdehalses simulierst.
• Es ist sehr hilfreich, wenn du den Schüler bei den Trockenübungen auf deine Stimme abstellst und schnell reagieren läßt. Du kannst dabei zählen, etwa: eins = Haltung des Oberkörpers im leichten Sitz, zwei = Sitz, wenn das Pferd den Sprung an-

passenden Rhythmus sagst: „Komm – komm – und – jetzt – vor."
• Eine vorgelegte Stange im Galoppabstand erleichtert den richtigen Absprung und ermöglicht dem Schüler ein besseres Eingehen in die Bewegung.
• Anfänglich läßt du jeden gelungenen Fortschritt mit mentalen Übun-

zieht, drei = Sitz beim Absprung und vier = Sitz bei der Landung des Pferdes.
• Erfolgt nun die Reaktion des Reiters auf deine Stimme schnell genug, so kannst du ihn auch beim praktischen Springen wirksam unterstützen.
• Später verkürzt du die stimmliche Hilfe beim Springen aus dem Galopp, indem du gut hörbar und im

Kleine Gymnastikreihen sind gut für den Sitz.

gen festigen und forderst den Reiter auf, die Übungen zu Hause zu wiederholen.
- Dies gilt auch für das Lehren des jeweils passenden Grundtempos, zuerst ohne, dann mit Sprung.
- Hast du dem Schüler auf diese Weise das richtige Gefühl für die entsprechenden Bewegungsabläufe vermittelt, prüfst du dies ab, indem du ihn aufforderst, dir zu sagen, wie er den Vorgang empfunden hat.
- Eine sinnvolle weitere Förderung und Festigung des Sitzes beim Springen läßt sich mit kleinen Gymnastikreihen erzielen.

Ich scheue keinen Aufwand beim Springunterricht von Anfängern. Mit dem Lernerfolg gewährleiste ich so auch die Sicherheit meiner Schüler.

- Noch mehr als sonst gehst du beim Springunterricht vom Prinzip der Abwechslung aus, denn langes, eintöniges Springen desselben Hindernisses bewirkt Unachtsamkeit bei Pferd und Reiter und führt dadurch zu gefährlichen Situationen.
- Und – wie immer – wird eine gelungene Übung, ein gelungener Sprung sofort durch Lob bestätigt!

7. Übungsreihen

Reiten einer Aufgabe und eines Parcours

7.1. Einüben und Reiten einer Dressuraufgabe der Kl. E

Auswahl der Dressuraufgabe

Als Beispiel für die Besprechung einer E-Dressur haben wir die zweite Aufgabe gewählt, die etwas schwieriger als die erste ist und die einzeln oder zu zweit geritten werden kann. Die Aufgabe ist dem Aufgabenheft gem. LPO der Deutschen Reiterlichen Vereinigung entnommen. Sie könnte bei der Prüfung zur Reiternadel oder für das Reiterabzeichen der Kl. IV verlangt werden, wobei Hilfszügel (Ausbinder oder Stoßzügel) erlaubt sind.

Aufgabe E 5
Viereck 20 × 40 m – Dauer etwa 4 Minuten

(A–X)	Einreiten im Arbeitstrab. Im Mittelpunkt halten. Grüßen.
(X)	Im Arbeitstempo antraben.
(C)	Linke Hand
(F–M)	An der zweiten langen Seite einfache Schlangenlinie (l.H.).
(C–X–A)	Durch die Länge der Bahn wechseln.
(E)	Mitte der nächsten langen Seite Mittelschritt (r.H.)
(C)	Mitte der kurzen Seite im Arbeitstempo antraben (r.H.). und
(C–A)	Schlangenlinie durch die Bahn, 3 Bogen, rechts beenden.
(A–X–A)	Mitte der kurzen Seite im Arbeitstempo angaloppieren, auf dem Zirkel geritten (1mal herum – r.H.).
(A)	Mitte der kurzen Seite Arbeitstrab (r.H.).
(A-X-C)	Aus dem Zirkel wechseln.
(C–X–C)	Mitte der kurzen Seite im Arbeitstempo angaloppieren (1mal herum – l.H.).
(C)	Mitte der kurzen Seite ganze Bahn (l.H.).
(H–K)	Nächste lange Seite Mittelgalopp (l.H.).
(K)	Vor der kurzen Seite Arbeitsgalopp (l.H.).
(A)	Mitte der kurzen Seite Arbeitstrab (l.H.).
(B)	(In der Halle auf dem zweiten Hufschlag geritten). Mitte der langen Seite halten (l.H.). Kehrtwendung auf der Vorhand. Im Mittelschritt anreiten.
(A)	Auf die Mittellinie abwenden (r.H.).
(X)	Im Mittelpunkt halten. Grüßen. Im Mittelschritt anreiten. Zügel aus der Hand kauen lassen. Am langen Zügel die Bahn verlassen.

Anforderungen

Es werden folgende *gebogene Linien* verlangt: Neben dem Abwenden auf die Mittellinie und den Ecken (Übungen, die in dieser Klasse einer Viertelvolte mit 10 Meter Durchmesser entsprechen dürfen) ist auf beiden Händen auf dem Zirkel zu reiten und aus dem Zirkel zu wechseln. Außerdem wird auf der linken Hand eine einfache Schlangenlinie und von der rechten Hand aus eine Schlangenlinie durch die Bahn mit drei Bogen gefordert.
Die anspruchsvollsten *Übergänge* sind: Halten aus dem Arbeitstrab, Antraben aus dem Halten, Übergän-

ge vom Mittelgalopp zum Arbeitsgalopp.
Eine *Verstärkung* wird nur im Galopp auf der linken Hand gefordert. Außerdem ist eine *Vorhandwendung* von der linken Hand aus, also auf der Vorhand rechtsum kehrt, vorgesehen.

Besprechung der Aufgabe

• Einreiten heißt: Auf die Mittellinie gehen. Mit dem Einreiten, Halten und Grüßen verschaffst du den Prüfern oder Richtern den ersten Eindruck von deiner Vorstellung. Es sieht besser aus, frühzeitig vor der Mittellinie abzuwenden und dann in einem flachen Bogen zur Mittellinie hin auszugleichen, als zuerst über die Mittellinie hinaus- und danach zu dieser zurückzureiten. Nach dem Abwenden ist die Mitte der gegenüberliegenden kurzen Seite genau ins Auge zu fassen, damit das Einreiten nicht schwankend, sondern gerade ausfällt. Es ist ratsam, dabei im Tempo etwas zuzulegen, weil dies das Geradeausreiten auf der Mittellinie erleichtert!

• Im Mittelpunkt halten heißt: durchparieren, wenn deine Kniepartie in Höhe des HB-Punktes ist. (Das Entsprechende gilt für die gesamte Aufgabe. Wenn etwas an einem bestimmten Punkt auszuführen ist, bedeutet das immer: wenn sich das Knie des Reiters in der Höhe des besagten Punktes befindet!)

• Mit der Vorbereitung des Haltens beginnst du schon drei bis vier Pferdelängen früher durch feine vorbereitende Paraden. Das gleichmäßige Nachtreiben zum Halten sorgt dafür, daß die Hinterbeine den Schwung weich aufnehmen und dein Pferd nicht auf die Vorhand kommt. Wenn du spürst, daß ein Hinterbein nach hinten herausgestellt ist oder daß das Pferd mit einem Bein ruht, darf im ersten Moment des Haltens noch eine Korrektur erfolgen: In diesem Fall wird das entsprechende Hinterbein mit dem gleichseitigen Schenkel angeregt, einen halben Schritt vorzutreten.

• Beim Gruß soll dein Pferd gerade, am Zügel und auf allen vier Beinen stehen. Falls ein Spiegel vorhanden ist, kannst du dich durch einen kurzen Blick vergewissern, ob dein Pferd richtig steht. Nütze diese Gele-

Korrektes Grüßen

genheit, um zugleich deinen Sitz zu kontrollieren.
- Beim Grüßen nimmst du beide Zügel in die linke Hand, während die rechte zum Schild der Kappe bzw. des Hutes greift. Die Öffnung des abgenommenen Hutes zeigt zum Pferd.
- Das Abnehmen der Kopfbedeckung gilt nur für Herren. Damen nehmen lediglich die Zügel in die linke Hand, lassen den rechten Arm dabei zwanglos hängen und grüßen durch leichtes Neigen des Kopfes. Nach dem Kommando zum Antraben nichts übereilen: In Ruhe die Zügel und eventuell die Gertenhaltung ordnen, dann aber aus dem Halten möglichst rasch, vom Fleck weg, und ohne Schritte antraben.
- Den Arbeitstrab reitest du schwungvoll und völlig geradeaus auf die Richter zu. Achte vor dem Abwenden auf die linke Hand darauf, daß dein Pferd schon vorher links gestellt ist.
- Für die ganze Aufgabe gilt: Durch die richtige Technik des Eckenausreitens kannst du dein Pferd immer wieder besser – d.h. geschmeidiger und durchlässiger – machen. Wenn du nicht mehr ganz sicher bist, wie das gemacht wird, siehst du noch einmal nach im Kapitel »Reiten von Wendungen und gebogenen Linien«.
- L.H.: Es folgt nun eine halbe Runde im Arbeitstrab. Das gibt dir Zeit, um Gang und Haltung deines Pferdes und deinen Sitz zu kontrollieren sowie mit Paraden dein Pferd rund, aufmerksam und durchlässig zu erhalten.
- An der zweiten langen Seite wird eine einfache Schlangenlinie verlangt. Du schaust immer dahin, wohin du reiten willst. In diesem Fall ist es der Punkt, der in der Mitte zwischen dem HB-Punkt und dem Mittelpunkt (X) liegt. Dein Pferd bleibt aus der Ecke heraus links gestellt, wenn du bei F abwendest. Eine Pferdelänge nach dem Verlassen des Hufschlags stellst du es um und fühlst mit der neuen inneren Wade durch, um eine Längsbiegung nach rechts zu erreichen. Bei diesem

Mittelschritt mit verlängertem Zügelmaß

Schlangenlinie durch die ganze Bahn mit drei Bogen

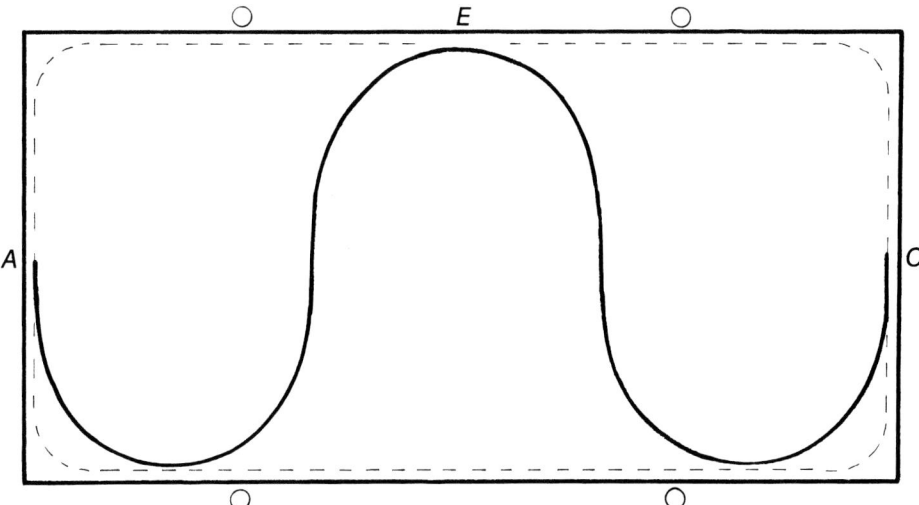

Rechtsbogen gibst du einige Male innen nach, damit dein Pferd leicht am inneren Zügel bleibt. Eine Pferdelänge vor dem Ankommen auf dem Hufschlag stellst du dein Pferd wieder um und fühlst mit der linken Wade durch, um die Biegung durch die Ecke einzuleiten. Während des Reitens der einfachen Schlangenlinie machst du immer wieder die Zügel durch Nachgreifen passend.

• Beim Wechseln durch die Länge der Bahn gilt dasselbe wie beim Einreiten zum Gruß: Ein schwungvoller Arbeitstrab, bei dem die Hinterhufe etwa in die Hufabdrücke der Vorderhufe treten sollen, erleichtert das Geradeausreiten auf der Mittellinie.

• Mitte der nächsten langen Seite (E) ist ein Übergang zum Mittelschritt gefordert. Diesen Übergang reitest du mit einigen kleinen Paraden, so daß er möglichst genau am Punkt erfolgt und die Hinterbeine den Schwung weich aufnehmen.

• Für den nachfolgenden Mittelschritt das Zügelmaß um ein bis zwei Handbreit verlängern und mit den Händen elastisch auf die Nickbewegung des Pferdes eingehen! Der Mittelschritt soll raumgreifend und fleißig sein.

• Vor dem Antraben bei C greifst du die Zügel wieder nach, um sie für den Arbeitstrab passend zu machen. Es folgt die Schlangenlinie durch die ganze Bahn mit drei Bogen. Die Einteilung der drei Bogen ist nicht ganz einfach: Jeder Bogen muß im Durchmesser etwa 13 Meter (genau: 13,333...m) groß sein. Merke dir folgendes als Anhaltspunkte: Der erste Bogen berührt den Hufschlag etwa eine Pferdelänge hinter dem Zirkelpunkt, beim mittleren Bogen kommst du genau bei E wieder zum Hufschlag, beim letzten an dem Punkt, der etwa eine Pferdelänge vor dem Zirkelpunkt liegt.

• Vor jedem Bogen hast du dein Pferd gestellt, mit der inneren Wade durchgefühlt und immer wieder innen nachgegeben. Dadurch ist es jetzt leicht an der Hand und gut vorbereitet für das Angaloppieren.

• R.H.: Unmittelbar vor dem Angaloppieren sorgst du durch eine Parade dafür, daß der erste Galoppsprung rund und ruhig eingesprungen wird, denn du weißt ja, daß der nachfolgende Galopp so ausfällt wie der erste Galoppsprung! Schon beim Angaloppieren schaust du zum nächsten Zirkelpunkt: Da willst du hin und auf keinen Fall in die Ecke. Den Zirkel reitest du über den Punkt X und die beiden nächsten Zirkelpunkte gleichmäßig rund.

Aus dem Zirkel wechseln

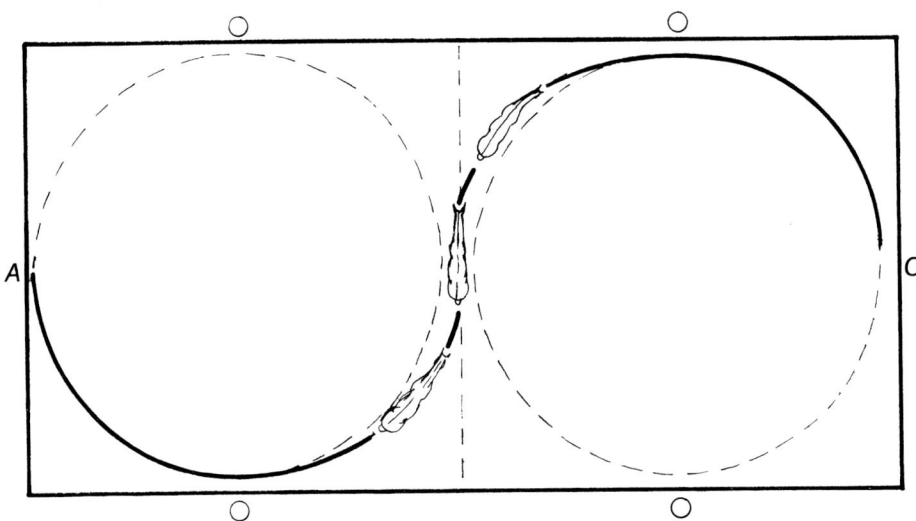

- Beim Abwenden zur offenen Zirkelseite behältst du dein Pferd am äußeren Zügel, damit es nicht über die äußere Schulter ausfallen kann. Der äußere Schenkel liegt an der richtigen Stelle, also eine Handbreit zurück, und verhindert, daß die Hinterbeine nach außen wegtreten.
- Mitte der kurzen Seite, bei A, gibst du eine Parade zum Arbeitstrab. Falls du mit der Stimme nachhelfen mußt, dann mach das bitte so leise, daß dich nur dein Pferd hören kann! Du reitest weiter auf der Zirkellinie bis zum Mittelpunkt (X), dort stellst du dein Pferd etwa eine Pferdelänge gerade, danach stellst du es nach der neuen Seite, nach links, um und wechselst aus dem Zirkel.
- L.H.: Du reitest nun auf der linken Hand die Zirkelpunkte genau so an wie auf der rechten, berührst nur an den Zirkelpunkten kurz den Hufschlag und reitest exakt über X. Auch auf dieser Hand gibst du immer wieder innen nach und bereitest das Angaloppieren an der Mitte der kurzen Seite, bei A, durch eine Parade vor. Nach einer Zirkelrunde im Arbeitsgalopp beendest du den Zirkel Mitte der kurzen Seite bei A. Die nachfolgende Ecke wird wieder ausgeritten.
- Es folgt an der langen Seite die für diese Klasse schwierigste Anforderung – der Mittelgalopp. Nach Durchreiten der Ecke versuchst du, die Galoppsprünge deutlich zu verlängern, mehr vorwärtszureiten. Wieviel du zulegen kannst und wann du anfangen mußt, durch Paraden dein Tempo vor der kurzen Seite wieder zum Arbeitsgalopp zurückzuführen, mußt du bereits beim Üben herausfinden. Kein Richter oder Prüfer, der von der Ausbildung von Pferden und Reitern etwas versteht, wird in dieser Klasse und bei dieser Übung seine schärfsten Maßstäbe anlegen.
- Auf jeden Fall mußt du bis zur Mitte der kurzen Seite, bei A, dein Pferd durch feine Paraden so weit ins Gleichgewicht gebracht haben, daß dir dort der Übergang zum Arbeitstrab gelingt.
- Findet die Prüfung in der Halle statt, so reitest du für die nachfolgende Vorhandwendung auf dem zweiten Hufschlag. Wie beim anfänglichen Halten zum Grüßen bereitest du das Halten durch einige kleine Paraden vor. Achte darauf, daß du nicht mit nur einer starken Parade ruckartig durchparierst!
- Für die Vorbereitung zur Vorhandwendung läßt du dir Zeit, bis dein Pferd richtig gestellt ist, leicht am inneren Zügel steht und abkaut. Mach

lieber nach jedem Doppeltritt der Hinterbeine eine kurze Pause, statt zu riskieren, daß dein Pferd dem inneren Schenkel zuvorkommt und sich überhastet in die Wendung wirft.

• R.H.: Anschließend wendest du Mitte der kurzen Seite im Mittelschritt auf die Mittellinie ab, um bei X zu grüßen. Das kannst du ruhig mit einigem Stolz tun, wenn dir die Aufgabe ohne größere Patzer gelungen ist. Du hast schon bei der Vorbereitung viel Energie und Konzentration eingesetzt und darfst dich über den Erfolg freuen. Auch deine Richter oder Prüfer sehen beim letzten Gruß gern ein freundliches Gesicht!

• Vergiß vor allem nicht, dein Pferd zu loben, bevor du am langen Zügel, aber mit leichter Verbindung zum Pferdemaul, die Bahn verläßt.

Mentales Üben der Dressuraufgabe

• Zur Vorbereitung gehst du die Aufgabe einige Male sehr genau durch und stellst dir dabei vor, wie du sie in allen Einzelheiten reitest. Zugleich programmierst du dich auf ganz bestimmte Reaktionen hin, die du in einem inneren Selbstgespräch abrufbar und veränderbar machst.

• Das, was du automatisiert richtig machst, also ohne daß du daran denken mußt, bleibt davon unberührt – wird also nicht mehr bewußt gemacht, muß nicht mehr durch ein Selbstgespräch gesteuert werden. Mit wachsender Routine wird also immer mehr Kapazität an Konzentration frei, so daß du auf unvorhergesehene Ereignisse, wie Scheuen des Pferdes oder veränderte Bodenverhältnisse, angemessen reagieren kannst.

• Das Selbstgespräch, das du gemeinsam mit deinem Lehrer erarbeitest, gleicht einem Film mit Untertiteln: Du sagst dir während des Reitens an bestimmten Stellen, was du machen – an was du denken willst.

Dieses Selbstgespräch bringst du auf eine Kurzform, da es auf keinen Fall länger dauern darf als das Reiten selbst.

• Du übst die (auswendig gelernte) Aufgabe mit dem begleitenden Selbstgespräch sorgfältig ein. Natürlich wird sich der Inhalt auf die individuellen Schwierigkeiten von Reiter und Pferd beziehen: Es handelt sich ja um dein ganz persönliches Selbstgespräch. Du darfst dabei auch Kurzformeln verwenden, die nur für dich verständlich sind! Das folgende Beispiel soll nur ein Modell sein, das du in Hinblick auf deine Bedürfnisse verändern und ergänzen kannst.

Beispiel für ein Selbstgespräch

(A–X Einreiten im Arbeitstrab. Im Mittelpunkt halten. Grüßen.)

(vor und bei A)
Wenden, Punkt
(Die Linie zu Punkt C muß genau durch dich hindurch laufen)

(nach A)
Vorwärts
(Frischer Arbeitstrab)

(vor und bei X)
Hin – leicht, hin – leicht, hin – leicht, gerade
(Hintreiben zu den ruhigen, aushaltenden Händen, nach etwa einer Sekunde leichter werden mit den Hilfen und eine neue Parade einleiten, gerade halten)

Spüren
(Steht das Pferd gerade und gleichmäßig oder ist eine Korrektur notwendig?)

Linke Hand
(Beim Grüßen das Pferd mit den Zügeln in der linken Hand beschäftigen, damit es ruhig und am Zügel stehen bleibt)

Zügel – los
(Zügel in beiden Händen ordnen und danach vom Fleck weg antraben)

(nach X)
Punkt
(Genau auf Punkt C zureiten)

(vor C)
Stellen
(Vor dem Abwenden nach links stellen und am inneren Zügel leicht machen)

(vor F – halbe Runde Arbeitstrab – l.H.)
Tempo, Haltung, Sitz?
(Tempo und Haltung des Pferdes überprüfen und evtl. mit einigen Paraden verbessern – die Körperteile bewußt spüren, bei denen Fehler möglich wären)

Stellen, biegen, leichter, gerade
(Auch als Vorbereitung für die nachfolgende Schlangenlinie bewußt die Ecken durchreiten)

(F–M: An der langen Seite einfache Schlangenlinie – l.H.)

(bei F)
Stellen, abwenden, Punkt
(Stellung aus der Ecke behalten, abwenden, wenn sich dein Knie in der Höhe von Punkt F befindet, dorthin sehen, wo du hinreiten möchtest: auf den Punkt genau in der Mitte zwischen B und X)

(eine Pferdelänge nach F)
Zügel, innere Wade
(Zügel passend machen und zum Umstellen mit der neuen inneren Wade für die Rechtsbiegung durchfühlen)

(eine Pferdelänge vor M)
Zügel, innen
(Zügel nachgreifen, zum Umstellen mit der neuen inneren Wade für die Linksbiegung durchfühlen)

(C–X–A Durch die Länge der Bahn wechseln)

Wenden, Punkt – vorwärts
(Nach dem Abwenden genau auf Punkt A zureiten und etwas zulegen)

(vor A)
Stellung rechts, innere Wade

(Mitte der nächsten langen Seite bei E Mittelschritt – r.H.)

(kurz vor E – r.H.)
Hin – leicht, weiter
(Parade zum Schritt und sofort ans Weiterreiten im Schritt denken)

(nach E)
Zügel, Nickbewegung – fleißig
(Zügel ein bis zwei Handbreit verlängern, Nickbewegung zulassen und den Schritt fleißig erhalten)

(Mitte der kurzen Seite bei C im Arbeitstempo antraben – r.H.)

(vor C)
Zügel – los!
(Zügel nachfassen und am Punkt C antraben)

(C–A Schlangenlinie durch die Bahn, 3 Bogen, rechts beenden)

Zügel, biegen, leicht, gerade
(Zügel nachfassen, stellen, mit der inneren Wade durchfühlen, innen leichter werden, gerade stellen, dabei zur Einteilung auf die Punkte sehen, so daß der zweite Bogen von Punkt E geteilt wird)

(A Mitte der kurzen Seite im Arbeitstempo angaloppieren auf dem Zirkel geritten, 1mal herum – r.H.)

(vor A – r.H.)
Hin – leicht
(Parade vor dem Angaloppieren)

(A–X–A Zirkel – r.H.)

Äußerer Schenkel, innen, Punkte
(Zum Angaloppieren den äußeren Schenkel zurücknehmen, Druck mit

dem inneren Schenkel, Nachgeben mit der inneren Hand, Zirkelpunkte abreiten)

(Mitte der kurzen Seite bei A Arbeitstrab – r.H.)
Hin – leicht, Fluß
(Bei A Parade zum Arbeitstrab, schwungvoll weiter)

(A–X–C Aus dem Zirkel wechseln)
Zügel, innen – leichter, Punkte
(Zügel passend machen – bei X umstellen, mit der inneren Wade durchfühlen, innen nachgeben, Zirkelpunkte abreiten)

(C–X–C Mitte der kurzen Seite im Arbeitstempo angaloppieren, 1mal herum – l.H.)
Äußerer Schenkel, innen, Punkte
(Angaloppieren wie oben, Zirkelpunkte abreiten)

(C Mitte der kurzen Seite ganze Bahn – l.H.)

Ecke
(Ecke ausreiten nach C)

(H–K Nächste lange Seite Mittelgalopp – l.H.)

Gerade, verlängern – verlängern
(Aus der Ecke heraus gerade machen, den Galoppsprung für den Mittelgalopp verlängern)

(Vor der kurzen Seite Arbeitsgalopp – l.H.)

Hin – leicht, hin – leicht!
(Vor der kurzen Seite durch Paraden das Tempo wieder zum Arbeitsgalopp aufnehmen)

(Mitte der kurzen Seite bei A Arbeitstrab – l.H.)

Hin – leicht, weiter
(Parade zum Arbeitstrab, nach dem Übergang schwungvoll weiter)

(Mitte der langen Seite bei B halten – l.H.)

Hin – leicht, hin – leicht, hin – leicht, gerade
(Paraden zum Halten)

(Kehrtwendung auf der Vorhand)

Stellung, außen
(Das Pferd vorbereitend nach rechts stellen und den äußeren Schenkel zurücknehmen)

Innen – außen, innen – außen
(Den inneren Schenkel einsetzen – mit dem äußeren Zügel und Schenkel begrenzen usw., bis die Wendung beendet ist)

(Im Mittelschritt anreiten und bei A auf die Mittellinie gehen)

Zügel, Nickbewegung – fleißig
(Zügel ein bis zwei Handbreit verlängern, Nickbewegung zulassen und den Schritt fleißig erhalten)

Wenden, Punkt
(Die Linie zu Punkt C muß wieder genau durch dich hindurchlaufen)

(Im Mittelpunkt bei X halten – Grüßen)

Punkt, hin – leichter, gerade – spüren
(Am Punkt Mitte der langen Seite orientieren, Parade zum Halten, spüren, ob das Pferd gerade und gleichmäßig steht oder ob eine Korrektur notwendig ist)
Anreiten, Zügel lang, loben!

Wenn dir während der Aufgabe Fehler unterlaufen sind, so ärgere dich nicht darüber. Du kannst aus ihnen vielmehr lernen, indem du dir genau vor Augen führst, warum das eine oder andere nicht wunschgemäß geklappt hat!

7.2. Einüben und Reiten einer Stilspringprüfung der Kl. E

Vorbereitung des Parcoursspringens

Voraussetzung für das Springen eines Parcours sind angemessene Fertigkeit und Sicherheit beim Überwinden einzelner Hindernisse.
- Wichtig ist auch das Gefühl für das richtige Grundtempo zwischen den Sprüngen. Am besten ist, du schulst dieses Gefühl auf verschiedenen Pferden. Bitte deinen Lehrer darum, einmal ein anderes Pferd reiten zu dürfen. – Ein guter Lehrer wird dir diese Möglichkeit ohnehin geben.
- Er wird auch dafür Sorge tragen, daß du nicht gleich den ganzen Parcours springst, sondern zuerst einzelne Ausschnitte oder Sequenzen übst. Du darfst ihn ruhig darauf ansprechen, wenn das nicht der Fall sein sollte!
- Für den hier besprochenen Parcours solltest du auch dein Distanzgefühl bei einer einzelnen Hindernisfolge von zwei Sprüngen im Abstand von drei Galoppsprüngen üben, bevor du sie in den Parcours einbaust.
- Du kannst den Punkt für den richtigen Absprung am besten sehen, wenn du im leichten Sitz etwas mehr aufgerichtet bleibst.
- Wenn dein Blick für den richtigen Absprung noch nicht sicher genug ist, läßt du dein Pferd beim Anreiten des Hindernisses im Rhythmus des ruhigen Grundtempos galoppieren. Es muß sich auch einmal selbst helfen können. Voraussetzung ist, daß es mitgucken und sich ausbalancieren kann. Störe es dabei nicht, laß ihm vor allem genügend Halsfreiheit, wenn es einmal früher als erwartet abspringt!
- Für eine Prüfung lernst du den Verlauf des Parcours beim Üben auswendig, so daß du später darauf keine Konzentration mehr verwenden mußt. Bevor du eine Prüfung bzw. einen Wettbewerb reitest, hast du ihn mental geübt und ein Selbstgespräch in Kurzform erarbeitet. Bei der Vorbereitung hast du auch herausbekommen, wie du dein Pferd am besten abreitest. Beachte dabei den

Laß dein Pferd in ruhigem Grundtempo galoppieren und laß ihm genügend Halsfreiheit, wenn es einmal früher als erwartet abspringt!

Grundsatz: Lieber ein Probesprung weniger als einer zuviel!

Auswahl des Parcours

Als Beispiel für die Besprechung haben wir Parcours 1 der Stilspringprüfung mit Standardanforderungen (Handbuch für Reit- und Fahrvereine, FN-Verlag) ausgewählt, da er die geringsten Anforderungen stellt. Er ist für Hallen mit den Mindestmaßen 20 × 40 m vorgesehen und könnte für die Prüfung zum Erwerb der Reiternadel oder des Kleinen Reiterabzeichens (Kl. IV) verlangt werden. Für den Erwerb der Reiternadel ist ein Parcours mit 6–8 Hindernissen (0,60–0,90 m hoch), für das Kleine Reiterabzeichen sind 8 Hindernisse (davon 4 verschiedene) mit einer Höhe von 0,60–0,90 m vorgeschrieben.

Anforderungen

Bei der Linienführung sind nur großrahmige Wendungen vorgesehen. Die ersten beiden Hindernisse werden aus dem Trab mit jeweils einer Vorlegestange gesprungen. Nach Hindernis 1 wird also wieder zum Trab durchpariert. Diese beiden Hindernisse bestehen aus gekreuzten Stangen, sind deshalb am leichtesten in der Mitte zu springen und sollten nicht höher als 0,60 m sein.

Von Hindernis zu Hindernis wird dem Reiter jeweils ungefähr eine halbe Bahnrunde Zeit gelassen. Nur für eine einzige Hindernisfolge (5 und 6) gilt der Abstand von 3 Galoppsprüngen.

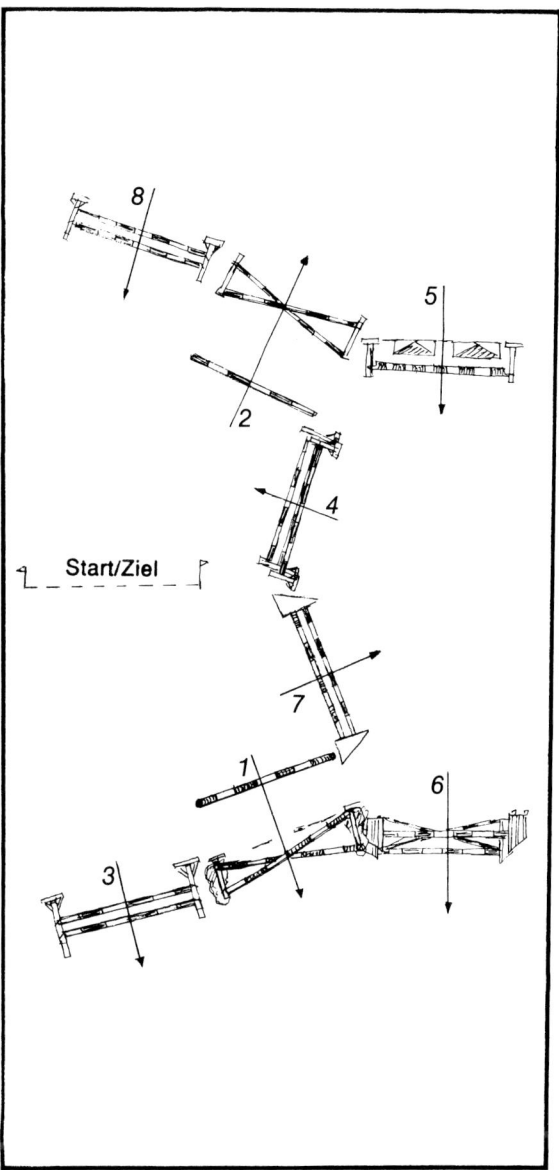

Parcours 1 der Stilspringprüfungen mit Standardanforderungen

Besprechung des Parcours

• Zum Grüßen (bei Prüfungen und Wettbewerben üblich) reitest du im Trab zur angegebenen Stelle. Danach gehst du vor der Startlinie auf der linken Hand im Leichttraben auf den Zirkel, bis das Zeichen zum Start gegeben wird. Du hast deine Zügel nachgefaßt, passend gemacht. Wenn du eine Springgerte hast, hältst du sie so in der Hand, daß nur noch der Knauf oben herausschaut.

• Nach dem Startzeichen reitest du im frischen Arbeitstrab durch die Ziellinie und dann gerade auf die Mitte der Vorlegestange und das nachfolgende Hindernis zu. Einige Pferdelängen vor der Stange beendest

Entlastungssitz

du das Leichttraben und gehst in den Entlastungssitz: Dabei nimmst du den Oberkörper etwas nach vorne und verlagerst dein Gewicht auf Oberschenkel, Knie und Steigbügel, also weniger auf die Gesäßknochen.
• Aus der Erfahrung vorangegangener Springstunden weißt du, ob du vor dem Hindernis treiben oder lediglich still sitzen bleiben mußt. Nach dem Landen hinter dem ersten Sprung parierst du möglichst bald wieder zum Trab durch. Reite den Übergang mit treibenden Hilfen zu den elastisch stehenden Händen (vgl. Paraden).
• Aus dem Trab wendest du so

Beim Absprung geht der gerade bleibende Oberkörper aus der Hüfte heraus nach vorwärts-abwärts mit.

Nach der Aufgabe: Zügel lang und loben.

rechtzeitig auf das zweite Hindernis ab, daß du wieder völlig gerade auf die Mitte zukommst. Danach reitest du im Linksgalopp weiter. Wenn dein Pferd im falschen Galopp landet, parierst du, wie oben beschrieben, zum Trab durch und korrigierst den Galopp.

• Während des gesamten Parcours versuchst du, im passenden Grundtempo im Rhythmus zu galoppieren. Auf diese Weise kannst du auch am besten lernen, einige Galoppsprünge vorher zu sehen: »Jetzt muß ich etwas mehr oder etwas weniger treiben, um meinem Pferd einen guten Absprung zu ermöglichen.«

• Mach dir jedoch zum Grundsatz: Vor dem Sprung immer nur dann den Galoppsprung ruhig im Rhythmus verlängern, wenn ich genau sehe, daß ich passend zum Absprung komme! Andernfalls bleibst du einfach im Grundtempo, so daß dein Pferd kleine Unebenheiten ausgleichen kann, indem es ein wenig früher abspringt oder sich hilft, wenn es einmal dichter an den Sprung herankommt.

Wenn ich nicht ganz genau sehe, daß ich mit ruhigem, rhythmischem Zulegen passend zum Absprung komme, bleibe ich strikt im Grundtempo.

Grundsatz

Eine der Schwierigkeiten dieses Parcours liegt darin, auf Hindernis 4 und 7 am richtigen Punkt abzuwenden, um gerade, »senkrecht«, auf die Mitte der Sprünge zuzukommen. Eine weitere Schwierigkeit ist die Wahl des richtigen Tempos zwischen Hindernis 5 und 6. Ob du das Tempo erhöhen oder vermindern mußt, um die Distanz zwischen diesen Hindernissen mit drei Galoppsprüngen zu reiten, hängt davon ab, ob dein Pferd einen großen oder einen weniger großen Galoppsprung hat und ob es

weit oder kurz über Sprung 5 einspringt.
Nach dem Durchreiten der Ziellinie parierst du auf dem Zirkel mit feinen Paraden über den Trab zum Schritt durch. Du lobst dein Pferd, bevor du zum Ausgang reitest.

Mentales Üben des Parcours

• Bei der Vorbereitung übst du das Reiten des Parcours einige Male mental, du gehst diesen also in der Vorstellung so genau durch, als würdest du ihn reiten. Wie bei der Dressuraufgabe programmierst du dich dabei auf ganz bestimmte Reaktionen, die in deinem Selbstgespräch abgerufen werden. Was automatisiert ist, was du also richtig machst, ohne daran denken zu müssen, brauchst du dir nicht mehr im Selbstgespräch bewußt zu machen. Die dadurch frei werdenden Kapazitäten kannst du für andere Dinge einsetzen, die nicht programmierbar sind, also für alles nicht Vorauszusehende.

• Der zeitliche Ablauf ist beim Springen des Parcours, im Vergleich zur Dressuraufgabe, sehr viel schneller (ca. 70 Sek. verglichen mit 4 Minuten bei der Dressuraufgabe!). Deshalb muß auch das Selbstgespräch wesentlich schneller ablaufen, also kürzer sein. Das heißt auch, daß eine größere Anzahl von Bewegungsabfolgen automatisiert sein muß. Dies ist beim Springen jedoch sehr gut möglich, weil sich viel mehr Bewegungsabläufe, wie das Sitzen beim Anreiten, beim Absprung, über dem Sprung und beim Landen oder Abwenden, in immer gleicher oder ähnlicher Form wiederholen.

• Du hast mit deinem Lehrer genau besprochen, was du dir an bestimmten Stellen sagst, was du machen – an was du denken willst. Dein Selbstgespräch könnte zum Schluß, mit den entsprechenden Abwandlungen im Hinblick auf individuelle Schwierigkeiten von Reiter und Pferd, folgendermaßen lauten:

(Nach dem Grüßen auf dem Zirkel vor der Startlinie)
Stellung, innere Wade, leichter – hören
(Pferd durch Stellung, Biegung und

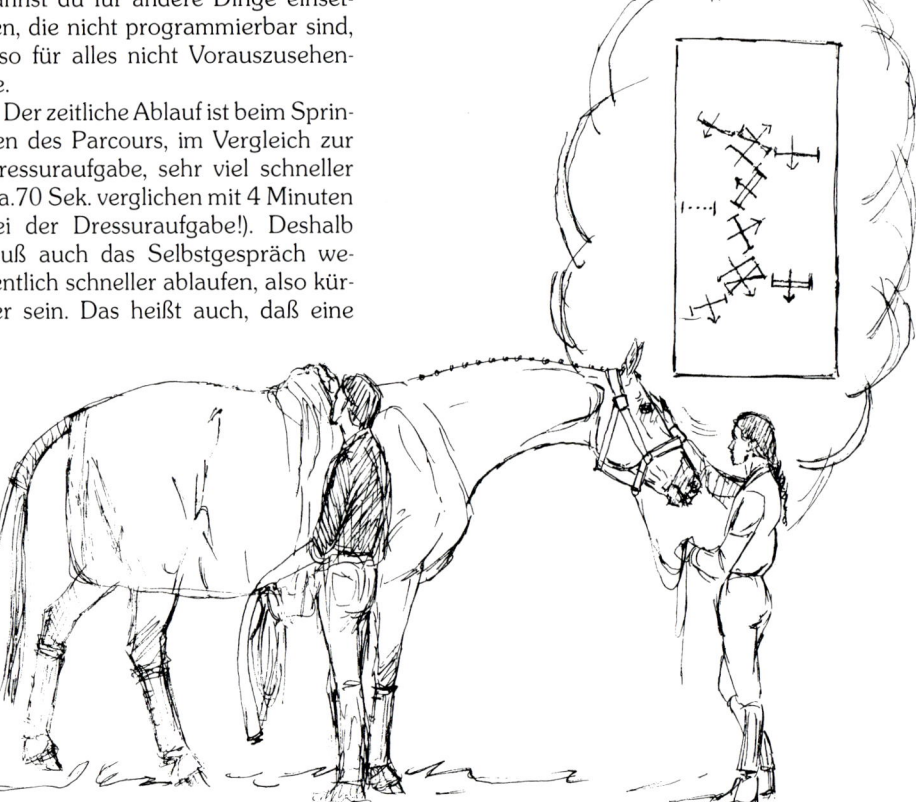

Gehe deinen Parcours in der Vorstellung so genau durch, als würdest du ihn reiten.

Leichtmachen am inneren Zügel geschmeidig und durchlässig erhalten – auf das Startzeichen hören)

(nach dem Durchreiten der Ziellinie)
Hinsehen, Mitte, gerade – Tempo
(Erstes Hindernis mit Stange davor gerade, »senkrecht«, und in der Mitte anreiten, Tempo kontrollieren)

(nach dem ersten Sprung)
Hin – leicht, hin – leicht
(Zu den ruhigen, tiefen Händen hintreiben und nach etwa einer Sekunde mit allen Hilfen leichter werden – mit den gleichen Paraden wieder zum Trab parieren)

Stellen, biegen, leichter, gerade
(Bewußt die Ecke als gebogene Linie reiten)

(nach Durchreiten der zweiten Ecke der kurzen Seite – r.H.)
Hinschauen, Mitte, gerade – Tempo
(Dort hinsehen, wohin du reiten willst)

(beim Landen nach dem 2. Hindernis)
Links, Galopp – weiter
(Linke Hand – Kontrolle, ob der Galopp richtig ist, evtl. korrigieren)

Tempo?
(Grundtempo kontrollieren bzw. regulieren)

(nach dem Abwenden am Punkt, an dem vorher geübt wurde, auf das 3. Hindernis zu reiten)
Hinschauen, Mitte, gerade – Tempo

(nach dem Landen)
Galopp? – Tempo
(Stimmt der Galopp, evtl. korrigieren, Grundtempo kontrollieren bzw. regulieren)

Hinsehen – wenden
(Auf den Punkt schauen, an dem das Abwenden vorher geübt wurde, dort wenden)

(nach dem Abwenden auf Hindernis 4)
Hinschauen, Mitte, gerade – Tempo

Galopp – Tempo – Ecken
(Galopp und Tempo kontrollieren, vor Hindernis 5 die Ecken ausreiten)

(nach Hindernis 5)
Tempo, gerade, Mitte
(Dem Erfahrungswert und der Absprungweite entsprechend für die drei Galoppsprünge treiben oder still sitzen)

(nach Hindernis 6)
Hinschauen – wenden
(Auf den Punkt zum Abwenden sehen und dort wenden)

(nach dem Abwenden auf Hindernis 7)
Hinsehen, Mitte, gerade – Tempo

(nach Hindernis 7)
Galopp – Tempo – Ecke
(Galopp und Tempo kontrollieren, vor Hindernis 8 die Ecke ausreiten)

(nach dem Abwenden auf Hindernis 8)
Hinschauen, Mitte, gerade – Tempo

(nach Hindernis 8)
Weiter, Ziel, durchparieren, loben

8. Vorbereitung auf die erste

Reiterprüfung

Du möchtest nun eine Prüfung ablegen, die dir auch äußerlich bestätigt, was du gelernt hast. Du willst dir und anderen beweisen, daß du dem ersten Anfängerstadium entwachsen bist.

• Bevor du die erste Prüfung reitest, solltest du alle Einzelheiten im voraus genau bedenken und einplanen. Nur so kannst du Ärger und Enttäuschungen ausschalten.

• Da sind – wie immer! – auch die *Kosten*: Wenn du nicht regelmäßig reitest (etwa ein Jahr lang solltest du mindestens zweimal in der Woche geritten sein!) oder dich noch nicht sicher genug fühlst, ist es ratsam, mehrere zusätzliche Einzelstunden zu nehmen.

• Zu den Kosten für diese Einzelstunden kommen die Prüfungsgebühren, die in den einzelnen Vereinen verschieden hoch sind, der Preis für das Abzeichen selbst (Stoffabzeichen oder Anstecknadel), bei der Turnierteilnahme die Nenn- und Startgebühren und unter Umständen die Kosten für den Transport des Pferdes.

• Informiere dich auch über die angemessene *Kleidung*. Wenn du noch keine Reitstiefel besitzt, so sind sie für das Kleine und Große Hufeisen und die Reiternadel nicht vorgeschrieben, aber vorteilhaft.

• Du willst bei der Prüfung natürlich schick aussehen. Probiere die Kleidung jedoch vorher aus. Eine zu enge oder Falten werfende Reithose ist ebenso ungünstig wie nagelneue Reitstiefel, die dich in Sitz und Einwirkungen behindern. Zieh in diesem Fall lieber die alten, aber bequemeren Sachen an.

• Erkundige dich auch, was die anderen Reiter tragen werden. Wenn du z. B. als einziger Reiter schon eine weiße Reithose hast, solltest du sie beim Reiterabzeichen aus Rücksicht auf die Mitbewerber lieber im Schrank lassen. Dein Lehrer wird von sich aus darauf achten, daß seine Prüflinge einigermaßen einheitlich gekleidet sind.

Die erste Reiterprüfung

- Eine *feste Reitkappe* solltest du schon aus Sicherheitsgründen ohnehin besitzen.
- Bei der Art der Prüfung, die du ablegen wirst, wird dich dein Reitlehrer gern beraten. Deine erste Prüfung kann eine E-Dressur oder eine Stilspringprüfung in Anlehnung an das Niveau der Klasse E sein. Du reitest diese Prüfung auf einem kleineren Turnier oder für den Erwerb eines Reiterabzeichens (Kleines oder Großes Hufeisen, Reiternadel, Kleines Reiterabzeichen, Kl. IV). (Vgl. W. Hölzel, *Das Reiterabzeichen*)
- Das Kleine Hufeisen kannst du erwerben, wenn du nicht älter als 16 Jahre, das Große Hufeisen, wenn du nicht älter als 18 bist. Die Reiternadel setzt ein Alter von mindestens 19 Jahren voraus. Über die Teilnahmebedingungen an Wettbewerben auf einem Turnier informieren dich die entsprechenden Ausschreibungen, die du am besten gemeinsam mit deinem Reitlehrer durchgehst.

Vorsatz

Ich muß über alle konkreten Bedingungen und Voraussetzungen so genau informiert und so gründlich auf sie vorbereitet sein, daß mein Kopf für die eigentliche Prüfungsvorbereitung völlig frei ist.

- Auch wenn die Prüfung in der vertrauten Umgebung des eigenen Vereins stattfindet, solltest du bedenken, daß die Prüfungssituation als solche neue und ungewohnte Bedingungen schaffen kann. Deshalb hier einige Hinweise, wie du dir optimale Voraussetzungen für die Prüfung schaffen kannst:
- Werde dir klar darüber, ob du vor einer Prüfung eher Ruhe und Abgeschiedenheit oder Trubel und Ablenkung brauchst (vgl. Kap. I). Sorge für die Bedingungen, die für dich am günstigsten sind.
- Bist du ein nervöser Typ, der sich leicht aufregen und irritieren läßt und dadurch weniger leistet? – Du kennst die entsprechenden Entspannungsübungen und hast sie inzwischen trainiert!
- Oder gehörst du zu den Menschen, die erst durch etwas Aufregung zur Bestleistung angespornt werden, die einen gewissen »Kick« brauchen? – Du hast auch dafür die richtigen mentalen Übungen gelernt!

Ich bin in der Lage, meinen Erregungszustand in beide Richtungen zu steuern: Ich habe gelernt, im entscheidenden Moment zu »bremsen« oder »Gas zu geben«.

Ich weiß

- Mach dir auch klar, welche Lebensgewohnheiten für deine Leistungen am besten sind. Vielleicht brauchst du morgens viel Zeit und ein üppiges Frühstück, um wirklich fit zu sein? Dann mußt du rechtzeitig aufstehen und miteinplanen, daß du nicht unmittelbar nach dem Frühstück mit vollem Magen im Sattel sitzt. Vielleicht gehörst du zu den Menschen, die sich am besten fühlen, wenn sie nur eine Tasse Kaffee oder Tee zu sich genommen haben?
- Geht es dir auch dann gut, wenn du nur wenig geschlafen hast, oder brauchst du mindestens deine acht Stunden Schlaf, um etwas leisten zu können? Finde dies und anderes heraus und verhalte dich entsprechend. Das wird dir nicht nur im Reitsport, sondern auch für jede andere (Prüfungs-)Situation von Nutzen sein!
- Nur du allein weißt auch, ob du »wetterfühlig« bist, ob deine Tagesform zu wünschen übrig läßt und wie du darauf reagieren mußt. Überlaß nichts dem Zufall.
- Auch für dein Pferd sind Witterung und Bodenverhältnisse wichtig, wenn die Prüfung auf einem offenen Platz stattfindet. Reite ruhig zur Übung auch einmal im Regen und auf nassem, schwerem Boden.
- Übe die Technik des Abreitens. Nicht jedes Pferd braucht die gleiche Abreitezeit. Nimm dir jedoch eher zuviel als zuwenig Zeit dafür. Lege lieber immer wieder Schrittpausen ein, als die Zeit zu kurz zu bemessen. Reite dieselbe Lektion niemals häufig

hintereinander, selbst wenn sie mißlingt. Du verprellst nur dein Pferd – und dich auch. Reite immer wieder im frischen Arbeitstempo vorwärts. Und vergiß das Loben nicht, wenn dein Sportpartner auf eine Hilfe gut reagiert hat.

- Es ist wahrscheinlich, daß sich auf dem Abreiteplatz vor der Prüfung viele Reiter tummeln, daß u.U. ein beträchtliches Durcheinander herrscht. Es ist deshalb besonders wichtig, daß du die Bahnordnung genau kennst. Das gilt vor allem für die »Vorfahrtsregeln«. Oberstes Gebot: Halte auf jeden Fall die Augen offen, beobachte deine Umwelt. Auch andere machen einmal Fehler, die dich und dein Pferd gefährden können.
- Den Springparcours mußt du ohnehin im Kopf haben, also auswendig reiten. Lerne aber auch die Dressuraufgabe für eine Prüfung unbedingt auswendig! Du bist dann nicht vom Vorlesenden abhängig, dessen Angaben vielleicht zu spät kommen oder schlecht verständlich sind. Du kannst deine Aufmerksamkeit voll und ganz auf das Reiten der Aufgabe konzentrieren und jede Lektion so rechtzeitig vorbereiten, wie du es für nötig hältst.
- Mach dir klar, wie du am besten auswendig lernst und dir das Gelernte am leichtesten merken kannst. Vielleicht gelingt es dir besonders gut, wenn du die Aufgabe laut vor dich hinsprichst. Vielleicht ist es besser, wenn du sie auswendig auf einem Blatt Papier aufzeichnest. Vielleicht ist es am wirksamsten, wenn du sie stumm vor dem Viereck mental durchgehst. Auch eine Kombination von allen drei Möglichkeiten

Lerne auch die Dressuraufgabe auswendig.

Nimm störende Umweltreize als willkommenen Anlaß für dein Prüfungstraining.

mag für dich geeignet sein. Probiere einfach aus, was dir am meisten hilft!

- Wenn der Vorleser einen Fehler macht, also falsch vorliest, oder seine Anweisungen zu spät kommen, so bist du in jedem Fall im Recht, wenn du deine Aufgabe korrekt, so wie du sie dir nach dem Aufgabenheft eingeprägt hast, reitest. Du siehst also, daß es für dich nur von Vorteil ist, sie auswendig zu können!
- Übe die Aufgabe schon vor der Prüfung unter Prüfungsbedingungen, d.h. du reitest sie so wie im Ernstfall, an einem Stück und ohne Wiederholungen und Korrekturen.
- Du übst dabei auch, Patzer wegzustecken, einfach weiterzureiten und dich völlig auf die nächste Lektion zu konzentrieren, als sei vorher nichts gewesen. Trainiere dies bei unterschiedlichen Gelegenheiten, sei es bei einem Fehler in einer Lektion, sei es beim Scheuen oder Weglaufen deines Pferdes.
- Du übst zugleich, dir dabei mit Entspannungsübungen (Ausatmen oder nur ans Ausatmen denken!) weiterzuhelfen, die deine Kräfte für optimale Konzentration freisetzen.
- Nimm unruhige Zuschauer, lärmende Kinder, ungewohnt laute Musik, bellende Hunde, knisternde Plastiktüten, andere Pferde, die in deiner Nähe einen übermütigen Bocksprung machen, usw. nicht als lästiges Ärgernis, sondern vielmehr als willkommenen Anlaß für dein Prüfungstraining!

Ich versuche, alle Prüfungsbedingungen, auch die widrigsten, vorher zu trainieren. Dann kann mich nichts überraschen oder gar aus der Fassung bringen!

Für den Ernstfall

- Übe die gesamte Aufgabe, zuerst in Einzelteilen, dann insgesamt mental ein, reite sie innerlich immer wieder nach. Schau dabei auf die Uhr! Die Zeit, die du für das mentale

Durchgehen brauchst, soll zuletzt der Zeit entsprechen, die dir im Ernstfall zur Verfügung steht.
- Führe dazu das entsprechende Selbstgespräch.
- Besprich es mit deinem Lehrer und reduziere es auf Kurzformeln. Dein Selbstgespräch darf auf keinen Fall länger sein als die Dauer der Aufgabe!
- Bitte einen Bekannten darum, dich beim Aufgabereiten mit Video zu filmen. Reite beim Ansehen des Films innerlich mit und versuche, gelungene Abschnitte nachzuvollziehen und Fehler mental zu berichtigen. Besonders hilfreich ist es, wenn dein Lehrer oder ein erfahrener Reiter das mit dir zusammen tut.
- Wenn deine erste Prüfung im eigenen Verein stattfindet, hast du im allgemeinen den »Heimvorteil« deiner vertrauten Umgebung, auf die du und dein Pferd sich nicht eigens ein- und umstellen müssen. Es gibt allerdings auch Pferde, die gerade dann irritiert sind, wenn sich an der gewohnten Umgebung auch nur geringfügig etwas ändert. Probiere vorher aus, wie dein Pferd reagiert, und bereite es entsprechend vor. Plaziere z.B. einen Gegenstand auf der Bande, der dort sonst nie liegt. Oder bitte einen Bekannten darum, mit einer Plastiktüte zu rascheln, eine Zeitung zu schwenken usw. Gewöhne dein Pferd beizeiten an kleine Veränderungen und »Störungen«.

Denk vor dem Einreiten an ein Erfolgserlebnis.

Schön, wenn du eine Schleife bekommst, aber wichtiger ist, daß du dein Bestes gegeben hast.

- Wenn die Prüfung auf einem fremden Platz stattfindet, solltest du dich vorbereiten, indem du schon vorher einmal auf anderen, fremden Plätzen trainierst.
- Ideal ist es natürlich, wenn du die Möglichkeit hast, auf dem Platz zu üben, auf dem die Prüfung stattfindet.
- Wenn du dort nicht reiten kannst, solltest du dir auf jeden Fall das Viereck ansehen, damit du dich mit der anderen Richtung, der ungewohnten räumlichen Vorstellung vertraut machst.
- Bevor du zur Prüfung ins Viereck einreitest, denkst du an eine Situation, in der du erfolgreich warst und

Dein Pferd hat nun eine Belohnung genauso verdient wie du.

die dich stimuliert, dich zu einer ebenso erfolgreichen Leistung anspornt.

Ob zu Hause oder auf einem fremden Platz – ich bin so gut vorbereitet und eingestimmt, daß ich mit Zuversicht und Selbstbewußtsein in die Prüfung gehe!

• Wichtig: Setz dich dabei nicht unter äußeren Erfolgszwang! Du wirst so gut reiten, wie es dir möglich ist. Es geht nicht um Placierung oder gar um Sieg. Du gibst dein Bestes und beurteilst selbst, ob du mit dir und deinem Pferd zufrieden sein kannst.

• Fehler deinerseits und Kritik durch die Prüfer bzw. Richter nimmst du zum Anlaß, weiter zu lernen, dich weiter zu verbessern. Sag dir ruhig, daß auch den »ganz Großen« immer wieder Mißgeschicke passieren.

• Selbst wenn (fast?) alles schiefgegangen ist: Du wirst die Ursachen erkennen und deine Leistung im Training verbessern.

• Sei stolz darauf, wenn du deine erste Reiterprüfung mit Anstand und ohne größere Zwischenfälle absolviert hast. Du hast eine wichtige Erfahrung gemacht, von der du nur profitieren kannst.

• Und vergiß nicht, deinem Pferd ein Dankeschön für seine Mitarbeit zu sagen! Es hat eine Möhre, ein Stück Zucker, ein wohliges Grasenlassen an deiner Hand genau so verdient wie du eine bescheidene kleine Feier im Kreis deiner Freunde!

Anhang

Literaturhinweis

Conolly, Christopher, Syer, John, *Psychotraining für Sportler*, Reinbek 1987.
Eberspächer, Hans, *Sportpsychologie*, Heidelberg 1987.
Foster, Judy, Porter, Karl, *Mentales Training*, München, Wien, Zürich 1987.
Gallwey, W. Timothy, *Tennis – das innere Spiel*, München 1977.
Herrigel, Eugen, *Zen in der Kunst des Bogenschießens*, Bern, München, Wien 1991.
Hölzel, Petra, Wolfgang, *Das eigene Pferd*, Stuttgart 1991.
Hölzel, Wolfgang, *Das Reiterabzeichen*, Stuttgart 1994.
Hölzel, Wolfgang, *Der Reiter-Paß,* Stuttgart 1994.
Hölzel, *Jagdreiten,* Stuttgart 1980.
Hölzel, Petra, Wolfgang, *Profitips für Reiter,* Stuttgart 1993.
Hölzel, Petra, Wolfgang, *Sicher reiten,* Stuttgart 1990.
Loehr, James E., *Persönliche Bestform durch Mental-Training,* München, Wien, Zürich 1988.
Orlick, Terry, *Psyching for Sport: Mental Training for Athletes,* Champaign 1986.
Orlick, Terry, *Coaches Training Mannual to Psyching for Sport,* Champaign 1986.
Rushall, Brent S., *Psyching in Sport,* London 1979.
Savoie, Jane, *Winning Feeling – Positiv denken, erfolgreich reiten,* Stuttgart 1993.
Terry, Peter, *Mental zum Sieg,* München, Wien, Zürich 1990.
Townley, Audrey, *Reiten mit Gefühl,* Stuttgart 1990.
Wanless, Mary, *Ride with your Mind,* London 1987.

Register

Abreiten 45
Abreiten, Technik 181
Absatz, tiefer 98, 99, 100
Absprung 155
Abstimmen auf richtige und feine Hilfen 144
Abstimmen des Pferdes 107
Abwechslung, Prinzip der 161
alltägliche Situationen 47
Altersgruppen 74
Anfängerunterricht 7
Angaloppieren 101, 107, 114, 117, 167
Anlage 70
Anreiten 114
Anspannung 30
Anspannungsübungen 30, 33
Antraben 114
Atmosphäre, angenehme 26
Ausbinder 77
ausfallen 138

Bahnordnung 182
Belohnung 47
Bewegungsabfolgen 176
Bewegungsablauf 19, 37
Bewegungslernen 107
Bewegungsmuster 111
Bewegungsmuster, falsche 108
Bewegungsvorgänge 17
Bewegungsvorstellung 16, 34, 40, 95
Bewegungszentrum 94
Bodenverhältnisse 181
Bücher, gute 74

Cavaletti 152, 159

Dankeschön 186
Dehnung 160
Dehnungshaltung 44
Deutsche Reitschule 8
Distanzgefühl 172
Doppeltritt 123
Draufgängertum 58
Dressuraufgabe 27
Dressurprüfung 43

Durchgehen, mentales 183, 184
Durchlässigkeit 142
Durchparieren 109, 114

Eberspächer 9
Ecken 136
Ecken ausreiten 53
Einsatzwillen 49
Einstellung, innere 12
Einstellung, positive 17
Einüben 25
Einübung, mentale 78
Entspannungsübungen 18, 19, 60, 183
Erfolgszwang 186
Erklärungen 85, 87

Fallübungen 65
Feed-back 88
Fernsehübertragungen 156
Fertigkeiten, mentale 84, 85
Festigung, mentale 119
Film, innerer 19
Fluchttier 56

führen 78
Führpferd 98

Galopp 116
Galoppwechsel 108
Gedanken, querschießende 40
Gefahr, wirkliche 57
Gefühl in den Händen 139
Gefühlsbildung 123, 129, 144
Gefühlseindrücke 89, 90
Geschmeidigkeit 93
Gesichtsentspannung 30
Grundeinstellung, positive 43
Grundgangarten 115
Grundtempo 172, 175
Gruß 165
Grüßen 165, 166, 173

Halsbiegung 129
Hand, gegen die 110
»Handwerkszeug« 59
»Hausaufgaben« 98
»Heimvorteil« 184
Hilfen abstimmen 91
Höchstleistungen 19
Holzpferd 79
Hufeisen, Großes 181
Hufeisen, Kleines 77, 181
Hufschlag, zweiter 121

Kampfgeist 17
Kämpferhaltung 46
Kauf eines eigenen Pferdes 70
Kleidung 180
Kommißbrotmethode 7
Konzentrationsfähigkeit 16
Körpergefühl 14, 105
Korrektur 87
Korrekturen 85, 98
Kosten 70, 180

»Lampenfieber« 62
Landen 155
Lautstärke 85
Lehrpferde für Anfänger 119
Leichter Sitz 52, 53
Leichttraben 132
Leichttraben, Treiben beim 117
Lern- und Lehrmethode 9, 12
Linie, große/gebogene 137
Linienführung 173
Lob 89
Longenstunden 120
Longenunterricht 95

Mensch, ängstlicher 61
Methode des Lehrens und Lernens 7
Methode, herkömmliche 7
Mittelgalopp 168
Mittellinie 165
Mobilisation 17
Muskulatur, Warmmachen der 63
Mut 61
Mutprobe 57, 58

Nickbewegung 98

Paraden 51, 90, 142
Paraden, kleine 110
Paraden, Vorform der 114
Parcours 27
Patzer wegstecken 183
Personal 72
Pferd, Abstimmen des 107
Pferdemaul, Verbindung zum 97, 110
»Problem-Briefkasten« 40
putzen 74, 75

Reaktionsfähigkeit 64
Reiterabzeichen 77, 181
Reiterabzeichen, Kleines 173
Reiternadel 173
Reitkappe, sturzsichere 60
Reitunterricht 74
Relaxion 17, 29
»Riegeln« 111

Sattel 59
Schenkelweichen 51, 103, 106
Schlangenlinie durch die ganze Bahn 132, 135, 167
Schlangenlinie, einfache 166
Schritt 11
Schritttraining 96
Schul- oder Verleihpferde 70
Schulpferde 119
Schulter-Atmungs-Übung 30
Schwerpunkt 150
Selbstbewußtsein 23, 46, 61, 62, 63
Selbstgespräch 50, 51, 129, 169, 176
Sicherheitsabstand 77, 78
Siegeswillen 14
Sinneseindruck 34
Sinneswahrnehmung 35
Sitz über dem Sprung 155

Sitzschulung 101
Spannkraft 18
Sprung, vorletzter 159
Stallungen 71
Stellen 111
Stellung 132
Stilspringprüfung mit Standard-
 anforderungen 173
Stimme 102
Sturzkappe 159

Takt 120
Technik des Abreitens 181
Tierschutzgesetz 57
»Tonband« 92
Trab 115
Treiben 115, 117
Trockenübungen 160

Überängstlichkeit 63
Übergänge 38
Umgang mit Pferden 74
Unkonzentriertheit 49
Unterrichtsstil 102

Veranstaltungen 74
Video 96, 184
Videoaufnahmen 138
Videofilme 156
Viereck verkleinern, vergrößern 123
Volte im Schwenken 127
Vor- und Nachbereitung, mentale 98
Vorhandwendung 43, 51, 103, 131, 168
Vorstellen 38
Vorstellungen 39, 40

Wendungen im leichten Sitz 53
Wettbewerb 49
Wettkampf 28
Widerstand 144
Wiederholung, mentale 90
Wörndl, Frank 8

Zaumzeug 60
Zirkel 137, 167
Zügelaufnehmen 96
Zügeleinwirkung 110
Zulegen 115
Zurückführen des Tempos 114
Zusammenspiel aller Hilfen 108
Zusatzhilfe 102
Zustand, emotionaler 47

2.3. Losgelassenheit

Beschreibung: Losgelassenheit ist die Grundlage für jede weitere Anforderung, gleichgültig, welche speziellen Ziele sich der Reiter gesetzt hat. Losgelassenheit nennen wir den Zustand, in dem die Muskeln ohne Verkrampfung arbeiten: Der Kreislauf ist angeregt, die Durchblutung verstärkt (Erwärmung), das Pferd ist angstfrei und zufrieden.
Losgelassenheit erreichen wir durch Lösen, also die Erwärmung und Lockerung der gesamten Muskulatur. Kein vernünftiger menschlicher Athlet würde aus dem Kaltstart heraus irgendwelche besonderen Leistungen versuchen!

● *Vorgehen:* Wenn das Pferd aus dem Stall oder vom Hänger kommt, beginnst du die Arbeit mit zehn Minuten Schritt am langen oder mit hingegebenem Zügel (Erwärmung und Bildung von Gelenkschmiere). Danach trabst du leicht, im taktmäßigen Arbeitstempo, auf dem Zirkel und ganze Bahn. Ein eher gehlustiges Pferd reitest du gleich auf dem Zirkel, ein fauleres zuerst ganze Bahn, denn: Zirkel beruhigt – ganze Bahn regt zum Vorwärtsgehen an!
● Runde beim Lösen die Ecken ab (kurze Seite als halben Zirkel reiten), da dein Pferd die für ein korrektes Ausreiten der Ecken erforderliche Biegung (Viertelsvolte) noch nicht haben kann. Denk an das regelmäßige *Handwechseln* (alle 4–5 Minuten). Geh nach der Trabarbeit zum Arbeitsgalopp über (evtl. auch im leichten Sitz), reite häufige Übergänge zwischen Trab und Galopp, mach dein Pferd auf großen gebogenen Linien gleichseitig geschmeidig (Biegearbeit).

Manche Pferde lösen sich im Galopp besser als im Trab – warum mit ihnen nicht früher oder mehr galoppieren? Wichtig ist nur, daß das Ziel erreicht wird: Losgelassenheit.

Übrigens

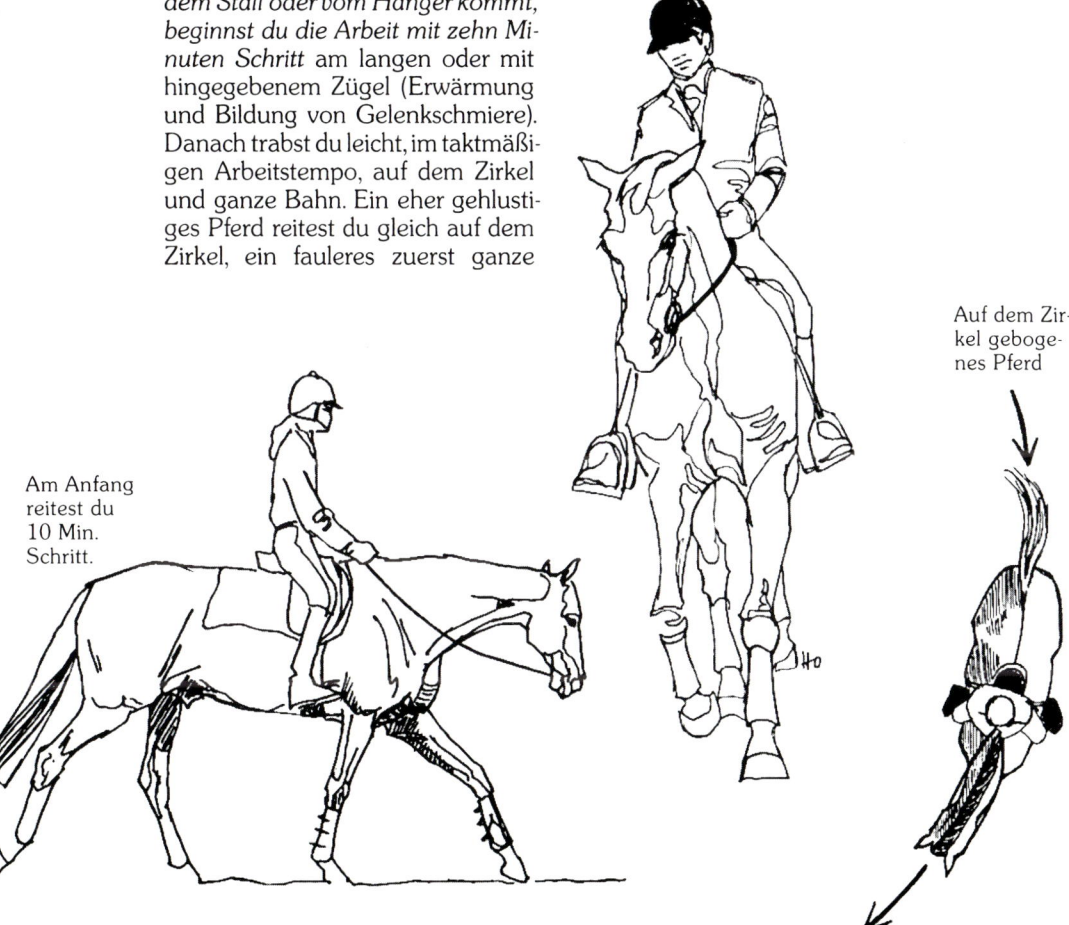

Am Anfang reitest du 10 Min. Schritt.

Auf dem Zirkel gebogenes Pferd

Reiten im Gelände als lösende Übung

● *Gehe überhaupt auf individuelle Anlagen und Schwierigkeiten deines Pferdes ein.* Probiere hierfür die ganze Palette von lösenden Übungen aus. Betrachte diese nie als Selbstzweck, sondern versuche herauszufinden, auf welche Weise sich dein Pferd am besten lösen läßt.

Zu den lösenden Übungen gehören:
● das anfängliche Schrittreiten
● Leichttraben im Arbeitstrab
● Reiten auf großen gebogenen Linien (Zirkel, einfache Schlangenlinie)
● häufige Übergänge vom Arbeitstrab zum Arbeitsgalopp und umgekehrt
● Lösen im frischen Arbeitsgalopp
● Zulegen im Trab und Galopp
● Vorhandwendungen (für junge Pferde oder Korrekturpferde)
● Schenkelweichen: Pferdekopf zur Bande, zur Mitte hin, Viereck verkleinern und vergrößern und an der offenen Zirkelseite übertreten lassen
● Cavalettiarbeit
● kleinere Sprünge (bes. Gymnastikspringen)
● Reiten im Gelände, vor allem auf unebenem Boden
● Schlangenlinien zwischen Bäumen

● ein frischer Trab oder Canter auf Waldwegen oder über freies Feld
● Longieren
● Freilaufenlassen

Und dies sind die Anzeichen, an denen du Losgelassenheit erkennst:
● schwingender Pferderücken
● Dehnungshaltung (das Pferd folgt der Reiterhand nach vorwärts-abwärts — tiefster Punkt: Maulspalte in Höhe des Buggelenks)
● taktmäßiges Gehen (ohne zu eilen)
● normales Durchatmen oder Abprusten
● Maultätigkeit bei geschlossenem Maul (Kauen, leichte Schaumbildung)

(Dies ist eine Leseprobe aus dem Buch »Profitips für Reiter« von P. und W. Hölzel)

Schlangenlinien zwischen Bäumen

Weitere Erfolgstitel von Wolfgang Hölzel

Hölzel/Hölzel/Plewa
Profitips für Reiter
Zwei Bundestrainer geben hier Antwort auf Fragen, verraten Tips zur Bewältigung von Problemsituationen, bieten Ratschläge zu wesentlichen Aspekten der Ausbildung.
160 Seiten, 216 Abbildungen
ISBN 3-440-06349-6

Wolfgang Hölzel
Der Reiter-Paß in Fragen und Antwort
Wolfgang Hölzel, der erfolgreiche Reiter und Ausbilder, läßt in diesem Buch keine Frage zum Reiter-Paß offen.
114 Seiten, 71 Abbildungen
ISBN 3-440-06845-5

Petra und Wolfgang Hölzel
Das eigene Pferd
Die Autoren erläutern, was bei Kauf und Haltung eines Pferdes alles zu beachten ist.
139 Seiten, 123 Abbildungen
ISBN 3-440-06168-X

Wolfgang Hölzel
Das Reiterabzeichen
Wolfgang Hölzel gibt hier nicht nur Antworten auf die Fragen der theoretischen Prüfung und erläutert die praktischen Aufgaben, sondern verrät auch viele Tips aus seinem reichen Erfahrungsschatz.
127 Seiten, 141 Abbildungen
ISBN 3-440-06846-3

Petra und Wolfgang Hölzel
Sicher Reiten
Unfallfrei in Stall, Reitbahn und Gelände
112 Seiten, 71 Abbildungen
ISBN 3-440-06181-7

ERLEBNIS PFERDE

Für Gesundheit und Wohlbefinden der Pferde

Gerhart Gerweck/Hermann Späth
Der homöopathische Pferdedoktor
Das Buch führt ein in die Grundprinzipien der Homöopathie und erläutert, für welche Erkrankungen des Pferdes die Homöopathie eine wichtige, erfolgreiche Behandlung darstellt. 65 Arzneibilder helfen, die passende Behandlung zu finden und sich eine homöopathische Stallapotheke für Notfälle anzulegen.
150 Seiten, 28 Abbildungen
ISBN 3-440-06709-2

Armin Kasper
Hufkurs für Reiter
Welcher Reiter hat sich nicht schon oft gewünscht, mehr vom Huf und seiner Pflege zu verstehen, selbst etwas tun zu können und nicht wegen jeder Kleinigkeit den Schmied anrufen zu müssen? Dieser anschauliche und gleichzeitig vergnüglich zu lesende Ratgeber gibt praxiserprobte Tips zur Selbsthilfe.
201 Seiten, 168 Abbildungen
ISBN 3-440-06713-0

ERLEBNIS PFERDE